倉貫義人

ホウレンソウに代わる

「雑談＋相談」

ザッソウ

結果を出す チームの習慣

日本能率協会マネジメントセンター

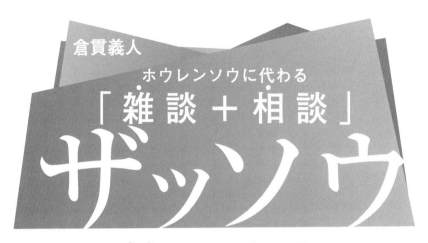

はじめに

「お話があります。お時間をください」

マネージャを経験したことのある方なら、ドキッとする言葉です。だいたいこんな深刻な感じで相談されるときは、「辞めます」といった嫌な話題だからです。

そうなってしまってはもう手遅れ。どれだけ引き止めようとしても、気持ちが離れてしまっている人をつなぎとめておくことなどできません。マネージャとしては大打撃です。

「なぜもっと早く相談してくれなかったんだ！」「悩んでいるときに相談してくれたら……」などと後悔ばかりが募りますが、それも後の祭り。思い返せば、気軽に相談してもらう機会なんてつくっていなかったのではないでしょうか。

昨今の働き方の見直しに対する風潮は、とかく働く時間を短くしようとするものです。働く時間を減らしつつも、どれだけ生産性を向上させるか――それが喫緊の課題です。働き方改革関連法が２０１９年４月から施行されたことで、この流れは加速していくことでしょう。

長時間労働の削減や生産性の向上に取り組むことは非常に意義のあることです。無駄な会議や作業を削減したり、業務の流れを見直したりと、みなさんの職場でも取り組んでいると思います。

しかし、効率化を追求しすぎたことで、こうした問題が起こっていませんか？

・会話する時間もなくて、チームがギスギスしてきた
・仕事の進め方を見直す機会や改善の気づきが減った
・成果ばかり気になって、助け合いができなくなった
・時間に余裕がないため、部下の相談に乗れていない
・アイデアが出なくなり、新しいことに挑戦していない
・人間関係が希薄になり、チームから活気がなくなった
・お客様からクレームがくるまで問題に気づけない

生産性を追い求めるのは悪いことではありません。ですが**行きすぎた効率化によって、会社や職場から大切なものが失われてしまう**ことがあります。その結果、生産性が下がってしまうことすらあるのです。その**因果関係は単純な数字で表すことができない**から厄介です。

効率化の旗印のもと、ちょっとした雑談さえも禁止してしまって、黙々と手を動かすだけになってしまうとチームワークは崩壊します。上司と部下だけでなく、同僚同士でも気持ちが通じ合わなくなり、気づいたときには手遅れになる、といった問題が起きてしまうのです。では、一体どうすればいいのでしょうか。

効率化によって崩壊しかけたチームを救った雑談と相談

私は、効率化だけを求めてチームを崩壊させかけた経験があります。

これまで多くの現場にマネージャやコンサルタントとして参加してきましたが、もともとプログラマ出身の私は、とにかく無駄なことが嫌いで効率ばかりを追求しがちでした。そのために、自分がチームを率いてマネジメントする場面でも、つい効率だけを追い求め、失敗することがあったのです。

かつて大手システム会社の社員だった私は、なんとか自分で事業を立ち上げたいと考えていました。その念願が叶って、社内ベンチャーですが起業するチャンスを会社から与えられたことがあります。

新規事業を立ち上げるミッションを掲げてチームを運営し始めた当時の私は、いかに効率的に成果を出すかを追求し、一切の無駄を許さないマイクロマネジメントをしていました。仕事中に雑談をするなんてもってのほかです。

それで成功すれば良かったのですが、新規事業を生み出すことは簡単でなく、**効率化を求めるだけではうまくいきませんでした。**

少しずつ仕事中の雑談が減り、職場の雰囲気も悪くなっていきました。メンバーからの相談もなくなり、悪い報告を致命的な状態になってから知るようになってしまいました。社内ベンチャー存続の危機です。

そんな悪循環から抜け出すきっかけになったのは、「何をしてもうまくいかないなら」と独りよがりで考えるのをやめて、**思い切ってメンバーに相談してみた**ことでした。

「お客さんが求めてるのって、この製品そのものじゃないんですよね」
「担当の方が、導入後に社内に広めていくのが大変だって言っていました」
「製品を売り込むんじゃなくて、社内展開をサポートすればいいかも」

思いもよらなかったアイデアの数々が、現場で働くメンバーから出てきたのです。そのアイデアをもとに始めた導入サポートがうまくいったおかげで、大口顧客を獲得することができ、なんと新規事業の立ち上げに成功することができました。

そこで気づいたのが、**雑談と相談の大事さ**です。もっと早くメンバーに相談していれば、みんなに苦労をかけることもなく、数字の損失も浅くて済んだはずでした。雑談どころか相談さえできなくしていたのは、他ならぬマネージャの私だったのです。これには大いに反省しました。

それ以来、作業の効率化だけを求めることをやめ、雑談を含めたメンバー同士の会話や相談を推奨するようになりました。そうするとチームに活気が戻り、さらに新しいことにも挑戦する空気が生まれてきたのです。その結果、私たちのチームに何が起きたと思いますか？

当初の事業計画よりも大幅に早く新規事業を軌道に乗せることができただけでなく、社内ベンチャーをマネジメントバイアウト（経営者による買収）という形で、自分たちの会社として独立を果たすまでに至りました。そうして創業したのが株式会社ソニックガーデンです。

このときの経験から、**アイデアを生み出し、成果を上げて結果を出すために必要なのは、効率化だけを追求するのではなく、気軽に雑談と相談ができるチームでいること**が重要なのだと考えるようになりました。

結果を出すチームの習慣　雑談＋相談＝「ザッソウ」

結果を出すことのできるマネジメントには、生産性を高めるために効率化を追求することに加え、そこで生まれる余裕をうまく活用して、雑談と相談のあふれるチーム

雑談と相談の関係

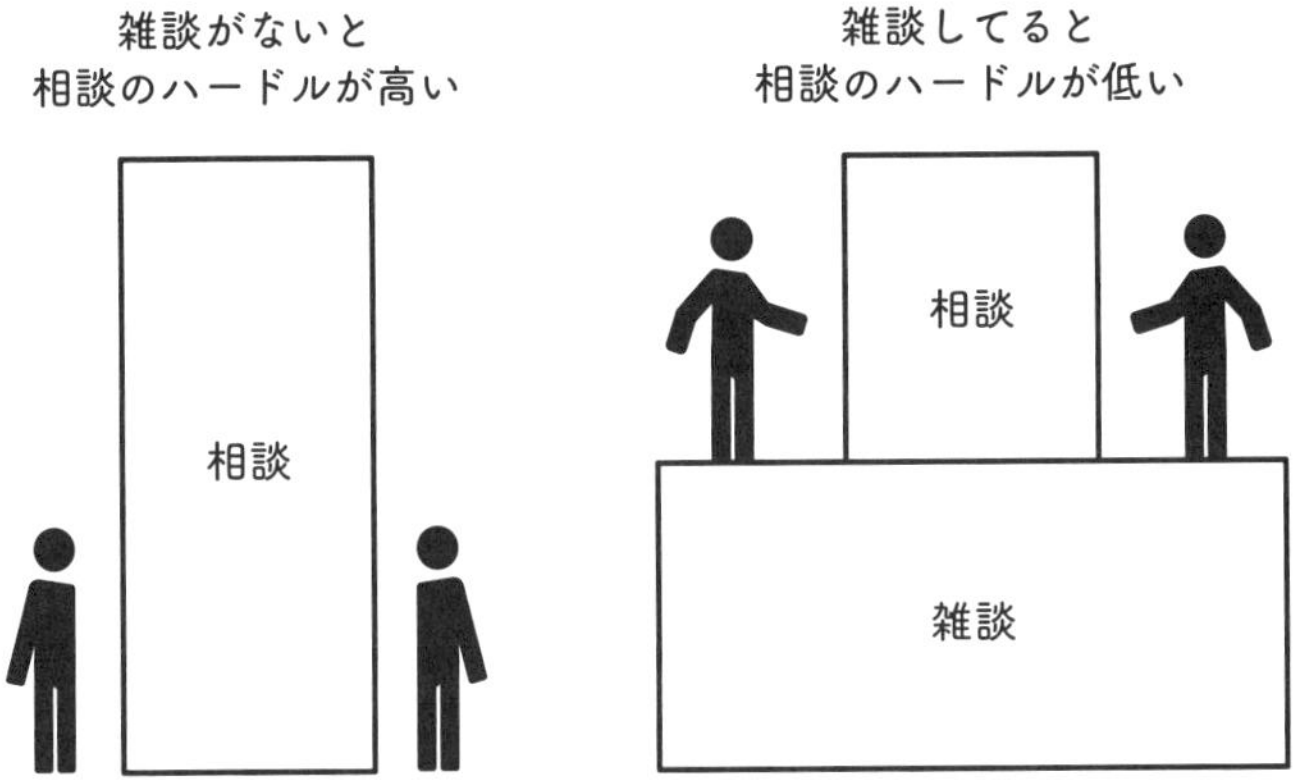
雑談がないと
相談のハードルが高い
相談
雑談してると
相談のハードルが低い
相談
雑談

にしていくことが求められると私は考えています。

「相談はともかく、なぜ雑談まで必要なのか？」

そう不思議に思うかもしれませんが、相談しながら雑談することもあれば、雑談しているうちに相談になってアイデアが生まれることも多くあります。**相談と雑談のあいだに明確な境界線を引くことは難しい**のです。

それに、普段から雑談さえしていない関係で、急に相談するとなると心理的なハードルがとても高くなります。**雑談で**

きる関係性があるからこそ、いつでも相談できるようになるわけです。

そこで私たちは、**雑談と相談を分けて考えずに、「ザッソウ」と呼ぶ**ことにしました。

ザッソウとは、職場で行われる気軽な相談であり、はたから見ると雑談のようにも見える「対話」です。

ザッソウには会議のようなアジェンダは必要ありません。話す時間を決めなくてもいいし、結論だって出さなくていいのです。もちろん、それらを禁止しているわけではありませんが、気軽さを忘れないようにすることが大切です。

「雑談なんて無駄なもの」——そんな思い込みを捨ててしまいましょう。チームに雑談があるから人間関係が円滑になります。気軽に相談して助け合うことで、チーム全体のパフォーマンスが高まります。

また、ザッソウには「**雑に相談する**」という意味もあります。自分なりに結論が出てから相談するのではなく、まだ考えている途中、状況をつかみきれていない状態であっても相談していいのです。**結論が出てからの相談は、実際のところ相談ではなくて報告だったりして対話にならないことがあります。**それでは相談される側も身構えてしまいます。それが最初からザッソウだとわかっていれば、相談する側もされる側も安心して気軽に話をすることができます。

雑な段階で相談をすると、たとえば何かをつくり出す仕事ならば、早めに完成イメージを確認できて手戻りが減ります。悩みに悩んで時間を浪費するよりも、雑でもいいので相談すれば解決の糸口が見つかるかもしれません。何より雑談は気分転換になります。

とはいえ、いくら雑談が大事だとわかったとしても、なかなか「雑談いいですか？」とは言いにくいものです。一方「相談いいですか？」となると、本題以外は話せない感じになって話しかけづらくなりますよね。

だから、雑談と相談を合わせたザッソウという言葉を使うのです。

「ちょっとザッソウしない？」
「今ザッソウいいですか？」

そんな風に話しかけることができたら、お互いに気軽でいいと思いませんか？

「ザッソウ」の文化を広げて働きやすい社会をつくる

ザッソウを取り入れることで、職場やチームがこんな風に変わります。

・お互いに助け合える信頼関係が構築される
・共通の価値観やカルチャーが醸成される
・メンバーのキャリアや将来への不安に対応できる
・素早いフィードバックで仕事の質と速度が向上する
・マニュアル化されにくい現場の暗黙知が共有される
・新しいアイデアが出てきて、挑戦に前向きになる

・自分たちで判断して、仕事を進められる社員が育つ

「たかが雑談や相談に、そんな効果があるわけない……」と思われるかもしれません。しかし、**ザッソウというコンセプトがチームに浸透して習慣化すれば、確実に人間関係は変わります。**そして、メンバー同士が気兼ねなくなんでも言い合えるようになれば、そのチームは結果を出すことができる——そう私は信じています。

だから雑談と相談は、マネージャだけが取り入れてもうまくいきません。チーム全体で認識をそろえていくことが肝心なのです。

「ホウレンソウ」という言葉によって、報告・連絡・相談が大事だという共通認識を持つことができました。そのように、**ザッソウという言葉にすることで、雑談と相談に対する共通認識を持つことができる**のです。

本書では「ザッソウ」という新しいコンセプトを提案しています。ザッソウを軸に、チームにまつわる様々な観点を取り上げました。構成は次の通りです。

第1部では、従来からある「ホウレンソウ（報告・連絡・相談）」が現代の仕事にフィットしなくなってきていること。だから今こそ「ザッソウ（雑談・相談）」が重要であることを問題提起します。

第2部では、ザッソウが求められる背景、ザッソウを仕事の中に取り入れる方法、チームに導入することで得られる効果、目指すべき働きがいと働きやすさの両方が高いチームについて述べています。

第3部では、ザッソウしやすい職場づくりとして、良い雑談の定義から、ザッソウを生み出すハード・ソフト両面での工夫、心理的安全性を高めるためのマネジメントやリーダーの姿勢を紹介します。

第4部は、ザッソウの応用編です。組織開発や人材育成、採用活動に業務改善といった長期的な視点に対して、どのようにザッソウが影響を及ぼすのかを解説します。最後には、ザッソウで実現したいチームの本質について考えていきます。

なお、本書は「楽しい雑談の話題」や「おもしろい話し方」を書いた本ではありません。**雑談と相談がもたらす効果と、チームで取り組むための方法についてまとめた**

本です。

・仲間と助け合って、いつも笑顔の絶えないチーム
・率直に意見を言い合って、大きな結果を出せるチーム
・クリエイティブなアイデアであふれる活気のあるチーム
・働きがいと働きやすさを両立した最高のチーム

もし「こんなチームで働きたい」「自分のチームを変えていきたい」と考えているならば、ぜひ最後までお読みいただければと思います。

本書では、私たちソニックガーデンがザッソウあふれるチームになるまでの試行錯誤を繰り返してきた経験からの学びをもとに執筆しました。また、「北欧、暮らしの道具店」を運営する株式会社クラシコム、クラフトビール「よなよなエール」の株式会社ヤッホーブルーイングなど、**雑談と相談をうまく活用しているチームや会社の実践的な知見もふんだんに取り上げています。**

チームを率いるマネージャや管理職、経営者の方はもちろん、ザッソウあふれる素敵なチームで働きたいと考えているメンバーの方にとっても役に立つ本になっています。そう、本書はチームのための本なので、**ぜひチームの仲間とともに読んでもらえると、より効果的だと思います。**

これからますます社会の変化が激しくなる中で、結果を出すためには創造性が求められる時代になっていきます。そんな創造性を発揮する鍵はチームワークであり、チームを支えるのがザッソウなのです。

私は、**ザッソウの文化が広まれば、効率重視に寄りすぎて少し窮屈になってきている今の日本社会を変える可能性がある**と信じています。まずは本書が、あなたのチームでザッソウを広めていくうえでの一助になれば幸いです。

『ザッソウ　結果を出すチームの習慣』目次

第1部 「ホウレンソウ」よりも「ザッソウ」

第2部 「ザッソウ」でチームの成果は上がる

第3部 「ザッソウ」しやすい職場のつくり方

第4部 チームと人を変えていく「ザッソウ」

第1部

「ホウレンソウ」よりも「ザッソウ」

こうして見てみると、「雑」という言葉には、「主要なものではないけれど、たくさんのもの」というニュアンスがありそうだ。つまり、「雑」という字のイメージからすると、「雑草」も、「主要ではないけれど、たくさんある草」という意味になるだろうか。

雑草というと、畑や庭の邪魔ものというような悪い草のイメージが強いが、そもそも「雑草」という言葉には、「悪い草」という意味はない。

そういえば、雑な魚と書く「雑魚《ざこ》」は小さな魚がたくさん群れていたり、雑な木と書く「雑木」はさまざまな種類の木があるイメージがあるが、悪い魚や悪い木ということではない。


（稲垣栄洋『雑草はなぜそこに生えているのか　弱さからの戦略』筑摩書房、2018年、13-14）

効率化を進めて情報共有もしっかりしているのに、チームの雰囲気は重く、思ったように成果が上がっていないとしたら、チームワークを支える雑談と相談が足りていないのかもしれません。第1部では、今どきの仕事における雑談と相談の重要性について紹介します。

1 ひたすら効率化だけを求めたチームの末路

「高い生産性を実現するために努力を続けてきた」
「チームの成果を高めるために情報共有をしてきた」
「部下1人ひとりと向き合って目標管理をし、モチベーションを高めてきた」
「残業もいとわず自分の仕事と管理の仕事を両立し、チームの効率化を図ってきた」

そこまでして効率化を実現したものの、ある程度以上の成果を出すことができなくなり、頭打ちになってしまうことがあります。

むしろ、**どんどん効率化を進めていく中で、それまでチームにあった「ゆとり」のようなものがなくなっていき、なんとも息苦しい職場になってしまった**ということはありませんか？

とはいえ効率化によって、そこそこの成果を出すことができているので一概にダメともいえません。しかし、その状態を放置したままでいると、いずれチームは崩壊してしまうかもしれないのです。ひたすら効率化だけを求めたチームはどうなってしまうのでしょうか。

人間関係が希薄なチーム

かつての日本企業は、仕事をして成果を上げるためだけの場所というよりも、仕事を通じて人間関係を構築する場でもありました。終身雇用が前提の社会において、人生のうちの長い時間をすごすのであれば和気あいあいとした職場の方が良かったのです。

それが社会の変化と組織の成熟とともに成果主義の時代へと変わります。個人ごとの目標管理の制度が定められ、大量生産と分業化が進み、組織はどんどん縦割りになり、個々人の役割は細分化され、厳密に定義された職務内容や社内規定の中で与えられた仕事に取り組むことが良しとされるようになりました。そのうえ、だんだんと社員旅行や運動会など社員同士が交流する機会も減っていきました。

会社が社員を使っていかに経済規模を拡大させるのかを優先して考えるようになれば、社員も仕事など金を稼ぐための手段にすぎないと割りきるようになってしまいます。なんとも冷めた関係ですよね。

仕事を進めるうえでの情報共有だけはしていても、成果に直結しない話をする余裕もなければ、一緒に働いている人たちがどんな人たちなのかを知る機会もなくなってしまいます。**そんな人間関係が希薄な職場だとしたら、他にもっと良さそうな会社があれば簡単に転職してしまうでしょう。**

組織が経済合理性だけを求めると、そこで働く個人も経済合理性だけを求めるようになっても仕方がないのです。

助け合いが起きないチーム

効率化を進めすぎた結果、一緒に働く人たちに対して関心を持つことができなくなったチームはもろく弱いものです。もはやチームとはいえない、ただの集団といってもいいでしょう。

チームの仲間がどんな人たちなのか知らなければ、たとえ誰かが困っていても手を差し伸べることはないし、助けるにしてもメリット・デメリットで考えるようになります。そうなると誰かに助けを求めることさえ難しく、積み重なっていく業務に対して1人きりで残業や休日出勤といった長時間労働で対処するしかなくなります。

優秀な人にしてみても、仕事を効率化して早く成果を上げれば評価される一方で、さらなる成果を求められるようになります。**仕事ができる人に仕事が集中するのは、よくある事象です。**時間にゆとりができたら休むのではなく、また別の仕事が入ってくるだけだとしたら、他の人に構ってる暇はありません。

そうなってしまうと個々人は、自分のことは自分で守るしかなくなります。さらに同僚との関係に線を引いて、お互いに最低限のかかわりしか持たなくなり、ますますチームワークが機能しなくなっていくのです。

もし、子どもが熱を出して急に休むことになったメンバーがいたときに、家族構成や事情を知らなかったら「とはいえ、この忙しいときに休むなんて！」と思ってしまうかもしれません。ですが、そのお子さんのことを知っていたら、「○○ちゃん大丈夫かなぁ、お大事に！」と心から思うことができるでしょう。

チームなのに気軽に相談できない

成果だけを求めるチームで、個人ごとの競争が推奨されている雰囲気の中では、仲間に気軽に相談することは難しいでしょう。

困ったことがあっても、相談したい相手が忙しそうにしていれば話しかけることをためらってしまいます。たとえ相談できたとしても、その人の時間を奪うことになるため、とても申し訳ない気持ちになります。

このように相談までの心理的なハードルが高くなると、なるべく相談しないで済ませようと考えてしまっても仕方ありません。

それに普段から話したこともないような相手だと、相談の前に声をかけることすら緊張するものです。「こんなことなら、わざわざ相談しなくていいかな……」と、言い訳を考えてしまいます。

それでも緊張するからといって、相談しないと進まない仕事もたくさんあるはずです。仕事の中身で悩むならいざ知らず、「相談しようか？」「相談しても大丈夫か？」と悩んでしまう時間は、非常に無駄でもったいないことです。とはいえ、それに対して「強い気持ちを持って相談して！」というのは酷なアドバイスですよね。

相談ができないと、大きな手戻りが発生する、聞けば一瞬でわかることに時間をかけて調べてしまうなど、チームの生産性を下げることになってしまいます。**相談できないことは個人の問題ではなく、チームの問題なのです。**

チームで働く意義が感じられない

多くの組織で導入されている成果主義というモノサシだけでは、決められた成果を出すこと以外での評価が難しくなります。

人間には1人ひとり異なる得意なこと・不得意なこと、性格の向き・不向きがあります。1人として同じ人間は存在しません。それなのに効率化だけを追求しすぎると、誰がやっても同じような速度と品質を求めるようになり、まるでロボットを動かせるかのようにマニュアル化を進めようとしてしまいます。

その結果、「この仕事は自分じゃなくてもいいのではないか」「なんのために働いているのだろうか」といった気持ちになり、自分の存在が認められないという不安を持つようになります。しかも、そうした**部下の抱える悩みを上司が知ることさえなくなります。**

社内での、一見すると無駄に思えるようなコミュニケーションや雑談がなくなることで、「その人がどんなモヤモヤを抱えているのか」「最近の体調はどうなのか」「将来どんな風に働きたいのか」といったことを知る機会がなくなってしまうのです。

効率化された情報共有だけを徹底的に追求すると、短期的な成果は見込めますが、その結果として**個人のモチベーションが保たれず、辞めていく人が出てきてしまう**ことになります。そうなると長期的な視点で見たときに、組織として成果を出し続けることは難しくなってしまいます。

弱みを見せることができない

成果主義の徹底によって常に評価されているように感じると、他人に頼るどころか強い自分を見せていなければいけない気持ちになります。弱みを見せても良いことなどなく、むしろ「こいつ馬鹿なんじゃないか」「使えないやつだ」というレッテルを貼られてしまう不安があるためです。そんな不安の裏返しとして、会社から期待される強い自分であろうとしてしまうのです。

多くの人が、社会に出たら立派な大人でいないといけないと思い込んでいます。大人には弱いところなどないし、あっても他人に見せるべきではないと考えている人のなんと多いことでしょう。

しかし、**人間なら誰でも弱い部分や苦手なことがあるはずです。**それなのに常に周囲からの評価を恐れて、素の自分を出すことができずにいる人も少なくないでしょう。

チームワークがなくて仲間に頼ることができず、人間関係が希薄で相談もできず、それでいて成果に対するプレッシャーを受けながら働くことになったら、いずれメンタルに不調をきたす人が出てきてもおかしくありません。

チームで働くことで、自分の強みを活かすことができるのと同時に、仲間の弱い部分を自分の強みで補い合えるからこそ、より大きな成果を出すことができるのです。弱みがあっても自分で補わないといけないなら、チームにいる意味がありません。

新しいことに挑戦しなくなる

効率化を追求していくことで、どうしても近視眼的な目線で成果を評価してしまうことがあります。

たしかに短い期間で成果を上げることも重要ですが、目の前の仕事ばかりに目を向けすぎてしまうと、手慣れた仕事以外のことに取り組む余裕がなくなってしまいます。もちろん、雑談をする余裕もなくなってきます。

新しいアイデアやおもしろい企画などは、1人だけで考えているよりも、誰かと雑談をしているときに思い浮かぶことが多くありますよね。自分の頭の中にあるだけでは曖昧模糊とした思いつきですが、**誰かに話をすることで言語化されてアイデアという形になる**のです。それに自分以外の観点が入ることで、アイデアはより明確になっていきます。

そんな雑談をする余裕がないとすれば、アイデアが生まれるチャンスを逃しているということになります。そうなると当然、新しいことに取り組まなくなっていきます。

どんなアイデアも百発百中で当たるなんてことはありません。だからこそ色々な意見を出し合う必要があるのですが、**効率化だけを求めるチームでは、すぐに成果が出ないような意見を出しにくくする「同調圧力」が発生します。**なるべく多数派に巻かれておく方がもめることもないので、平和にすごしたい多くの人にとっては「意見なんて出さなくていい」となってしまうのです。

たとえブレーンストーミングを実施したとしても、突飛なアイデアや他人とは違う意見を発信して批判されたり、微妙な空気になるような状態では、新しいアイデアなど出せるわけがありません。

2

結果を出すチームには「心理的安全性」が必要だ

効率化だけを求めたチームの問題点を見てきましたが、なにも効率化を全面的に否定しているわけではありません。

まったく効率化されていなくて、無駄な作業の繰り返しや意味のない儀礼的な作業などのせいで長時間労働になって苦しんでいる現場もあります。そうしたところは、**まず業務の見直しや改善に取り組むべきです。**

問題なのは、効率化を追求するときについ数字で目に見える部分や、すぐ効果の出る部分にだけ力を注いでしまうことです。

経営者は財務諸表や株価だけを、管理職は売上とコストの数字だけを、働く社員は定められたノルマと成績だけを見るようになると、その数字に現れていない部分が欠落してしまうのです。

組織を運営するために数字は欠かせないものですが、あくまで結果や状態を示すものであるべきです。では一体、数字の裏に隠されているものとは何なのでしょうか。

グーグルが発見した生産性の高いチームの共通点

効率化を実現した高い生産性と、アイデアあふれる創造性を兼ね備えたチームをつくるためには一体何をすればいいのでしょうか。残念ながら、この問題に唯一の正解はありません。

しかし、その指標として最近注目されている1つの言葉があります。それが「**心理**

的安全性」です。「効果的なチームを可能とする条件は何か」というテーマのもとグーグル社が調査した「プロジェクト・アリストテレス」がきっかけで注目されるようになりました。

その結果レポートによると、生産性の高いチームの共通点として「他者への心づかいや同情、あるいは配慮や共感がある」とされ、具体的には次の5つの項目が挙げられました。

・心理的安全性（たとえミスしても非難されない）
・相互信頼（仕事を最後までやりきってくれる）
・構造と明確さ（有効な意思決定プロセスがある）
・仕事の意味（自分自身にとっても意義がある）
・インパクト（どう貢献しているか理解している）

この中でも土台となるのが心理的安全性です。すなわち、**心理的安全性をつくることは、結果を出すチームの指標となる**のです。

仲良しとは違う「心理的安全性」とは何か

心理的安全性とは、チームの中で気兼ねなく安心して発言や行動ができる、つまり心理的な不安がない状態のことです。そうした状態であれば、「ミスを恐れずにチャレンジできる」「誰もがアイデアを発信できる」「困ったときに気軽に相談できる」……と、たしかに生産性が高まるはずです。

勘違いしがちなのは、和気あいあいとした仲の良いチームの状態を心理的安全性が高いと考えてしまうことです。もちろん仲が良いことに問題があるわけではありません。しかし、**仲良しでいたいという理由で、成果を出すために本来言うべきことを言わないでいるとしたら、生産性の高いチームにはなりません。**

たとえば、もしチーム内で無駄な会議をしていると感じたときに、「この会議ってなんのためにしているんですか？」「そもそも、この会議は必要ですか？」と素直に問いかけられるかどうかです。それも管理職や権力を持った人間ではなく、立場に関係なく意見を言えるかどうか。

他にも、チームで活動する限り「もっと成果を出せるように意見を言い合う」「品質を高めるために指摘し合う」「やらなくても支障のない作業を見直す」といった機会があります。そうしたときに遠慮や忖度することなく、**誰もがチームの成果に真摯に向き合って発言できるとしたら、それは心理的安全性が高い状態です。**

順番としては、チーム内の心理的安全性が高まり、成果を出すために意見を言い合えるようになることが先です。たとえ仲良しでなくても、真正面から遠慮なく意見をぶつけ合える関係性ができれば、その次にきっと成果を出すことができるでしょう。大きな成果を出すことができれば、チームのメンバーがお互いをたたえ、仲良くなるはずです。結果としては仲の良いチームに見えるのですが、それが狙いではないのです。

心理的安全性の高いチームになれば、次のような効果を得ることができます。

・気軽に相談できるから、生産性と品質を高められる
・弱さを見せ合えるから、お互いの強みを活かし合える
・自由に発信できるから、新しいアイデアが生まれる

気軽に相談できるから、生産性と品質を高められる

相談しやすければ、仕事を進めていくうえで難解な問題にハマったとき、どう進めればいいか迷ったとき、目標やゴールを見失いかけたりしたときに、何日も1人きりで悩んだりすることがなくなります。

本人にとっては難しいと思っていた問題も、上司や同僚に相談して別の観点から見てみると、いとも簡単に解決することは往々にしてあります。

また、つくっているものに対する**フィードバックも早い段階から受けられることで、手戻りが減って完成度や品質を高める**ことにつながります。

たとえば、顧客への提案資料をつくらないといけない場面では、上司の立場からすると、締め切りギリギリにつくり終えたものを持って相談にこられるよりも、まず骨子だけでも先につくって相談にきてくれた方が意見を言いやすいのは間違いありません。すでにつくり込んでしまったものに対して、ダメ出しはしにくいものです。

心理的安全性によって**気軽に早めに相談できれば、仕事のスピードと質は上がる**というわけです。

弱さを見せ合えるから、お互いの強みを活かし合える

チームワークとは、それぞれの強みをうまく発揮して、人数以上の成果を出すことです。いうなれば、パズルのピースのようにお互いの強みと弱み、つまりデコとボコを組み合わせた状態になるのが理想です。そのためには普段から、**チームの仲間は何が得意で何が不得意なのか**を知っていなければ、仲間の弱みを、自分の強みを活かして助けることができません。

もちろん自分自身の強みと弱みも知っている必要があります。自分の弱みを見せても評価が下がることはないと思える心理的安全性の高いチームだったら、思い切って助けを求めることも、強みを持つ人に任せることもできるはずです。

自由に発信できるから、新しいアイデアが生まれる

心理的安全性が高いチームでは、どんな思いつきやくだらない話も笑って受け入れてもらえます。つまり雑談が生まれやすいのです。

雑談なんて仕事の役に立たないと思いますか？　目の前の仕事を効率的にこなすこ

とだけを考えたらその通りです。

しかし、**新しいビジネスのアイデアや思いもよらない顧客のニーズなどは、既存の仕事から外れた雑談の中にこそヒントがある**のです。たとえば、顧客から得た意見を自分だけで抱えるのではなく、チームの仲間と雑談することで新しいサービスを思いつくことがあります。

新しいことを生み出すためだけではありません。今行っている作業も、1人きりだと何も考えずに手を動かすだけだったのが、**誰か仲間と雑談しているうちに、もっと効率の良い方法を思いつくこともある**でしょう。


会議室に集まって、上司から「さぁ、アイデアを出せ」と言われても気軽に思いつきを述べることなどなかなかできません。かしこまった場所では、きちんとした意見を言わなければならないという空気があるからです。

それが、雑談になると心理的安全性が高まります。リラックスした雑談の中であれば、たとえ突拍子もないことを言っても許される空気があります。そして、得てして突拍子もないことが良いアイデアになったりするものです。

3

「ホウレンソウ」に足りないコミュニケーション

心理的安全性とコミュニケーションは切っても切り離せない関係です。気軽に話ができる関係は心理的安全性が保たれた関係だといえるし、話をするのに緊張してしまう相手だとすると心理的安全性が足りていないのかもしれません。

心理的安全性のためにチーム内の情報共有は欠かせませんが、そこで考えなければいけないのは、普段どんな種類の情報が共有されているのかという点です。

すぐに思いつくのは報告・連絡・相談の「ホウレンソウ」です。社会人の基本として教わった方も多いのではないでしょうか。

しかし、ホウレンソウの言葉が初めて世に出たのは1982年という説があります。**その当時と今では、仕事の種類やオフィスなどの労働環境、働き方は大きく様変わりしました。**

とくにITの登場によって、働く人のコミュニケーション環境は劇的に効率化されました。メールでのやり取りは当然のこと、グループウェアを使えばお互いのスケジュールを容易に把握でき、最近はビジネスチャットやテレビ会議によって離れた場所にいてもリアルタイムに情報のやり取りをすることができます。

このように**働く環境が大きく変化したにもかかわらず、今まで通りのホウレンソウのやり方でいいのでしょうか。**

報告と連絡のための会議は無駄

そもそもホウレンソウのうち、報告と連絡は過去にあった出来事の共有です。たとえば、依頼されていた仕事の結果を依頼主に伝えることは報告になるし、役員会で決まったことを社員たちに伝えることは連絡になります。

いずれにせよ**報告と連絡には、新たにアイデアや価値を生み出す発展的な議論の余地がありません。**過去に起きた出来事に関する情報が、いかに正確に伝わるかが大事になります。

それなのに、あえて会議を開く必要もないような「一方通行」で十分な内容であっても、昔からの習慣に従って大げさな会議をわざわざ開いている会社はまだ多くあります。何人も人を集めて部門やチームの定例会議を開いて、部長やリーダーから報告事項が伝えられた後、順に1人ずつ進捗状況の報告、最後に通達事項などの連絡がされる。そこに議論などはなく、報告への質疑が少々行われるだけ——。

こうした会議は果たして必要なのでしょうか。メールもグループウェアもなかった時代なら仕方ありません。しかし今となっては、**人を集めて一方通行の会議をするのは無駄**でしょう。

新しく登場した様々なツールを使えば効率的に伝えられるのにわざわざ人を集める、もはやそれは上に立つ人やリーダーの自己満足にすぎません。

そもそも会議はコストが非常にかかります。限られた会議室を確保するのもそうですし、忙しい業務の中で時間を調整するのも手間がかかり、それは人数が増えるほどに難しくなっていきます。他にも会議のために客先や営業から帰社する時間、会議室への移動、資料の準備、時間通りに始まらない……そろそろ**報告と連絡のためだけの会議は見直すべきではないでしょうか。**

ホウレンソウでもっとも大事なのは「相談」

報告と連絡は対話がなくても成立しますが、相談だけはそうはいきません。

というのも、相談は伝えて終わりではなく、未来に向けて内容を話し合う必要があります。つまり、ホウレンソウのうち**相談だけが、決まっていないことを議論して、仕事を前へ進める役割**があり、それだけ大事だといえるのです。

たとえば、部下に依頼したレポートがイメージと違い、つくり直しになってしまったことはありませんか？　この場合も、早めに相談する習慣があれば防げますし、無駄に部下のモチベーションを下げずに済みます。

また、マネジメントが上手な上司は部下に相談をします。部下からしてみると、上司が勝手に決めたことを指示命令されるよりも、**困っていることを相談された方が、「自分は期待されている」という喜びを感じることができてやる気も出る**でしょう。

そのうえ、相談から始まると解決のためのアイデア出しから参加できるので、その問題に対して自分事として取り組んでくれます。次を見てもわかるように、指示と相談では相手の受け取り方がまったく違うのです。

指示「来週の経営会議までに、過去3ヵ月の売上をグラフにしてくれ！」
相談「来週の経営会議で、過去3ヵ月の売上を見やすくして出さないといけないんだが、どうしたもんだろう？」

「相談」から新しいアイデアが生まれる

アイデアを出すことが求められる仕事の場合、相談の価値はより一層大きくなります。

たとえば、新商品のマーケティング企画を考える仕事はこれまでにないものをつくり出す必要がありますが、それは簡単なことではないはずです。それが、たった1人で唸っていても出てこないアイデアも、誰かに相談することでひらめきが生まれることがあります。

基本的にアイデアは、その人の過去の経験から生まれます。実体験に限らず読んだ本や見た映画なども含まれます。そうした経験を蓄積した人生というインプットがあるからアイデアが出るのです。

逆をいえば、その人が経験していないことからは何も生まれてきません。そこで**他の人に相談することで、その人が経験したことや考えたことを新たなインプットにすることができる**ようになります。

自分「この次のイベント企画ですが、今ひとつ盛り上がるアイデアがなくて……」
相手「そういえば、こないだ見た映画の中で、こんなアトラクションが出てきてさ」
自分「それ、面白いですね。ちょっと練って企画に入れられるか考えてみます！」

このように、相談した相手の経験と自分自身の経験が組み合わさることで新しいアイデアが生まれることがあります。それが相談の大きな効果なのです。この先、複雑化していく仕事において、ホウレンソウのうち相談の重要性と比率はより高まっていくことでしょう。

「ちょっといい？」がもたらす仕事の潤滑効果

「ちょっといい？」

心理的安全性が保たれている職場でよく聞く言葉です。そこから続く内容は、本当にちょっとした相談もあるし、何気ない雑談だったりもします。共通しているのは、気軽な内容だということです。

さすがに退職の相談などの深刻な話で「ちょっといい？」とは言わないですよね。だから「ちょっといい？」は、相談される側にとっても安心できるのです。

ちなみに心理的安全性がなくても、上司から部下に対しての「ちょっといい？」は言いやすいものです。ですが部下から上司、後輩から先輩、同僚同士となると、それなりに心理的安全性が保たれていないと難しいでしょう。

「ちょっといいですか？」と言われて、それに毎回応じていたら自分の仕事の時間がなくなってしまう、部下が何も考えずに相談するようになる――そんな懸念を抱く人もいると思います。

しかし、気軽に相談できないことで、「悩んでばかりで仕事が進捗しなくなってしまった」「ちょっとした確認をしなかったために、１００％の完成度で持ってきたもののイメージが合ってなくて手戻りが発生した」なんてことも起こりえます。

「ちょっといい？」の良いところは、大きな話になる前に確認したり、相談に乗ったりできることです。少しずつ話をしていくことで「ちょっといい？」のちょっとが、本当にちょっとの時間でできるようになっていきます。

つまり、**「ちょっといい？」というのは小さな相談の機会**なのです。時間の決まった会議を待っていてはスピード感のある仕事はできません。チームで成果を出すために、サッカーでパスを回してゴールを決めるように小さな相談を重ねていきましょう。

4

雑談＋相談＝「ザッソウ」でいこう！

どんな仕事も1人きりでは価値を生み出せません。顧客や関係者、上司や後輩、部下などとのかかわりが必要で、そのうえでホウレンソウによるコミュニケーションが求められます。しかし、チームの中で行われているコミュニケーションはホウレンソウだけではありません。

ホウレンソウは、いわば業務に関する情報交換です。通常業務であればそれで事足りますが、新規事業を創出するようなアイデアを出したいとき、または新しい人が入ったり配置転換があってチームワークを高めたいとき、ホウレンソウだけでは足りません。

ホウレンソウでやっている業務上の情報共有には当てはまらない**「非公式な雑談や対話」こそが、実はチームを支えるコミュニケーション**だったのです。

「雑談」はチームの土台となるコミュニケーション

ホウレンソウだけで職場の情報共有はすべてカバーできるものでしょうか。職場で行われているコミュニケーションは、すべて報告・連絡・相談のどれかに分類できるかといえば、決してそんなことはありません。

あいさつからの立ち話やランチタイムのおしゃべり、上司と部下の近況の共有……それらホウレンソウ以外は全部、大雑把に言ってしまえば「雑談」です。

職場での雑談は、ただただ本当になんでもない話や趣味の話をしていることもあれば、雑談をしているうちに気になっていた仕事の悩みを相談することもあります。それで困っていたことが解決することもあれば、さほど役に立たずに終わってしまうこともあります。

何も目的がないし、必ずしも結論を出さなくていいのが雑談の特徴です。

会議前の人がそろうまでのあいだに雑談することもあれば、廊下でのあいさつがきっかけで雑談することもあります。「雑談しよう」とあえて始めるというよりも、自然と始まっているのが雑談です。

仕事中の雑談を悪しきものだと考える人からすると、「雑談なんかしてないで手を動かせ」「雑談するなら休憩時間だけにしろよ」と思うかもしれません。**しかし、それは仕事を時間でしか考えていない発想です。本当の仕事とは価値を出すことであって、時間をかけることではありません。**

雑談を通じてチームワークが高まる、新しい企画が生まれる、業務改善のアイデアが出る、困っていた問題が解決するのなら、雑談は仕事の価値を生み出したことになります。

飲みニケーションもタバコ部屋も情報共有の場だった

昔から上司と部下で飲みに行って交流を図ることを「飲みニケーション」といったりします。これも非公式ながら、社内における雑談の機会だったのです。

飲み会の中で、上司が仕事をしていくうえでの心構えや考え方を伝えることもあれば、部下が普段から考えているけど職場では言いにくいことを伝えたりもします。飲み会も、それなりに仕事の役に立っていたのです。

それが今ではお酒を飲む人が減り、ハラスメントの温床になりかねないこともあり、飲みニケーションは忌み嫌われる傾向にあります。結果として、昔のような人間関係が構築できずに悩む管理職も増えているのかもしれません。

そもそも本当にコミュニケーションが必要であれば、飲み屋でなくても行えばいいはずです。とはいえ、**職場で業務に直結しない話をするのは気が引けるのもたしか**です。

こうしたことは飲みニケーションに限りません。もっと昔だったらタバコ部屋で行われていたコミュニケーションも、仕事に関係する人たちとの業務以外の雑談でした。タバコ部屋での雑談が人間関係の構築につながったり、ちょっとした相談をしたり、新しいアイデアが思いつく場になったりもしていたのです。

それが今では、タバコ部屋を利用する人は減り、飲みニケーションの機会も減り、さらに効率化のために職場から雑談をなくそうとしている所までありますます。

もちろん1日ずっと雑談ばかりしていて手を動かすことがなくなれば、生産性はゼロ、なんの価値も生み出せません。それはもちろん問題です。

しかし、**「成果を上げる」という大前提があれば、仕事仲間と雑談をすることは長期的に見れば価値のあることな**のです。

非公式なコミュニケーション「雑談」の再確認

もし雑談を完全に禁止してしまったら、一体どんなことが起きてしまうでしょうか。

業務のホウレンソウだけでは、社内で起きていることや雰囲気などを知ることがまったくできなくなります。そうなるとマネージャや上司としては、誰をどうケアすればいいのかわからなくなり、様々なリスクを検知して事前の策を打つこともできなくなります。何か問題が起きたときの心構えもできません。

部下や同僚の仕事の進捗はわかっても、心に抱えるモヤモヤを知る機会もなくなります。部下からしてみても、仕事の報告はできても、公式なコミュニケーションの中だけでは心のモヤモヤを話すことはできません。そうなると、自分のことを理解してもらっていないと感じてしまい、相談もなく辞める決心をしてしまうかもしれません。

また業務上の報告や連絡だけになると、その組織に所属しているのかどうかさえ不安になってしまいます。同じ組織に所属していながら雑談さえできない関係では仲間意識が薄れ、離職者が増えることにつながってしまいます。

このように**雑談をなくしてしまうと、あらゆる問題が突然起こり始めます。**

本来マネジメントでは、問題が起きてから対処することよりも、そもそも問題が起きないように事前に手を打っておくことの方が本質であり重要です。つまり、**マネージャが事前に様子を察知するうえで雑談は大きな効果があった**のです。

それなのに雑談は、ホウレンソウのように公式なコミュニケーションとして扱われていないのが現状です。

「ザッソウ」を公式コミュニケーションにしよう

ホウレンソウのうち相談が大事だとわかったとしても、それを気軽にできるかというと話は別です。とくに普段から話をしていないような人に相談するのは、とても緊張しますよね。

それに相談には案外スキルが必要です。深刻な感じで「相談があります」と話しかければ相手は身構えてしまうし、かといってなんでもかんでも相談していると相手に迷惑をかけてしまうのではないかと不安になります。相談を効果的に行うためには、どの程度の困り事で、どこまで考えて持ち込むのかという勘どころがないと難しいのです。

しかし、相談を受ける側の気持ちからすれば、自分の中で結論が出る前に来てほしいし、大ごとになる前にマメに小さく相談してくれた方が心理的負担も少ないものです。それに、相談するときは気軽なものであることを先に表明してほしいとも思うはずです。そうすると安心して相談に乗ることができますから。

だから**雑談をしているうちに相談になるくらいがちょうどいい**のです。

そもそも相談と雑談を明確に分けることなどできないし、誰も話している途中で相談と雑談の時間を意識して分けてはいないはずです。

ただし、相談しやすくするための心理的安全性に雑談が有効であるとはいえ、チームで雑談を推奨することに抵抗がある人もいるでしょう。また、たとえ推奨されていたとしても「雑談しましょう」と言って、話し始めることに戸惑うかもしれません。

そこで、そうした雑談と相談を合わせて「ザッソウ」と呼ぶことにしませんか？

これまで非公式なコミュニケーションだった「相談を兼ねた雑談」に、新しく名前をつけることで公式の共通認識にしてしまいましょう！

「ザッソウいいですか？」

こう言えば、話を受ける側も気軽な相談であることがわかるし、そのセリフの後はただ雑談をするだけでもいいし、そこから相談になったっていいのです。それでも、仕事に関する話であることはわかるので、気兼ねなく話を聞くことができます。

「ザッソウ」には「雑な相談」といった意味もあります。しっかりと考え抜いていない状態でも相談してみることを推奨しています。

よく深刻に考え抜いた後の相談で、もはや相談ではなく報告になっていることってありますよね。そうすると、相談を受ける側としては、どんなアドバイスもできなくなってしまいます。

それよりも、もっとラフな**「アイデアや考えがまとまっていない状態でも、ザッソウならOK」という感じにしておけば、気軽に話をするきっかけができます。**ザッソウにすることで相談のハードルをグッと下げることができるのです。

「ザッソウ」は結果を出すチームの習慣

仕事が多様化して複雑になり、組織やマネジメントにも変化が求められています。そんな時代において、結果を出せるのは一体どんなチームなのでしょうか。

それは、チームの目的達成のために自分事で考え、動くことのできる人たちで構成されたチームだと私は考えています。さらに言えば、仕事の責任を果たすために、「自分だけ仕事をすればいい」と考えるのではなく、**「チームの成果を最大化するために、できることはなんでもする」と考えられる人たちで構成されたチーム**なのではないかと思います。

私はサッカーの世界でいう「トータルフットボール」の戦術・考え方が好きで、それがチームとして理想の姿だと考えています。「全員攻撃・全員守備」の意識で、ゴールのためにはポジションに固執することなく、お互い遠慮せずにできることをし、それぞれが持つ得意分野でお互いを補い合うのです。その結果として、チームワークが成立しているとしたら素晴しいことです。

そんなチームには、ホウレンソウよりもザッソウが適しています。**誰かに言われたから情報共有をするのではなく、目的達成のために必要なら雑談でも相談でもするし、**チームの成果が意識できていれば雑談が目的化してしまうことはありません。

それに何よりも、**気軽に雑談ができるようなチームの方が楽しそうです。みなさんはそんなチームで働きたいと思いませんか？**

あらためてザッソウの効果とは、雑談と相談の境目をなくすことでチーム内のコミュニケーションを円滑にすることであり、雑に相談してもいいとすることでチーム全体の生産性を高めることです。

ザッソウがあることで、チームのメンバー同士が繰り返し接する機会を得ることが

できます。ちょくちょく接する機会があるだけで仲間に対する安心感は増します。それが信頼関係の土台となり、本当に困ったときにも気軽に相談でき、トラブルが起きたときにも一致団結することができるようになります。

ザッソウは、普段からできるチームビルディングの習慣なのです。ザッソウは習慣なので、残念ながら導入すればすぐに効果の出るような手法ではありません。しかし、チームでザッソウの習慣を身につければ、一時的な効果で終わらずに持続していくことでしょう。

ザッソウの習慣をチームに広げていく際にもっとも重要なことは、ザッソウそのものを無理やり取り入れないことです。それよりも、**ザッソウが自然と生まれてくるような人間関係や環境に力を注ぐこと**から始めましょう。

ザッソウあふれるチームへの旅路

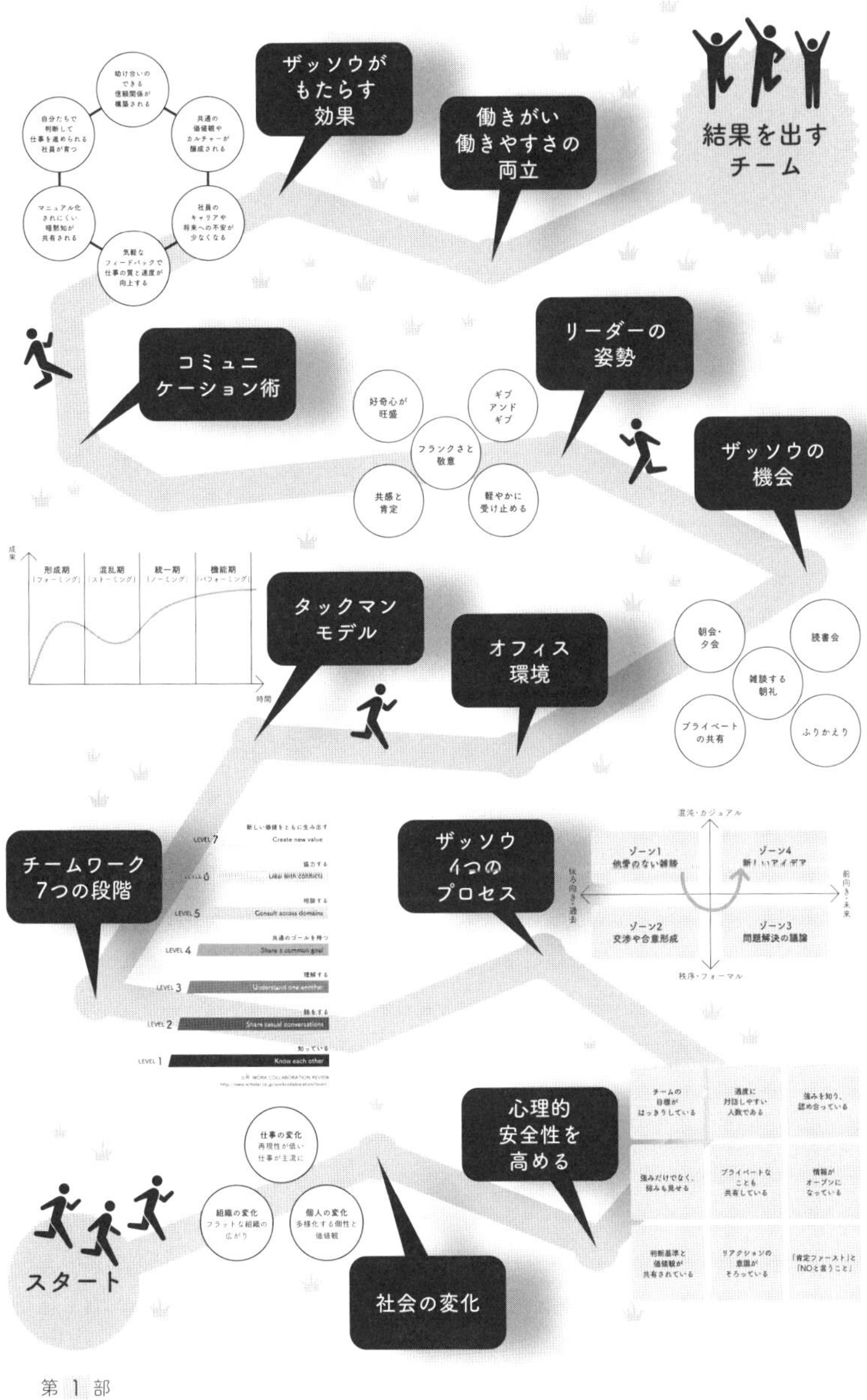

第 2 部

「ザッソウ」で
チームの成果は上がる

「雑」という漢字はもともとは「雜」と書き、「集」に「衣」を加えた漢字である。「衣」というのは、布を意味している。布を染めるときに、さまざまな草木を染色に使うと一色に染まらず、色々な色の布ができた。これが「雜」である。つまり、「たくさんの色が集まってまじる」というのが、「雑」の由来なのである。
中国の歴史あるサーカス団は「雑技団」と呼ばれるが、雑技団はけっして技が粗雑だったり、低級なわけではない。多彩な技を持っているから「雑技団」と呼ばれているのである。

（稲垣栄洋『雑草はなぜそこに生えているのか　弱さからの戦略』筑摩書房、2018年、14）

ホウレンソウに代わる新しいコンセプト「ザッソウ」。それがなぜ今求められているのか、チームや仕事にどうかかわってくるのか、どれだけの効果や効能があるのか……。第2部では、いきいきと働く職場づくりのためにザッソウがどう作用するのかを考えます。

1

なぜ、今「ザッソウ」が求められているのか

雑談と相談を合わせて「ザッソウ」ですが、バブル崩壊後のひと昔前の職場であれば雑談なんてもってのほかで、「黙って手を動かせ！」と怒られていたかもしれません。**雑談は仕事の妨げになるもので、休憩中にダラダラしゃべるのは構わないが、仕事中は静かに集中すべきだと考えられてきました。**今も、そう考えている管理職が多いかもしれません。

それなのに、なぜ今になって雑談が大事だと言われ、ザッソウが求められるようになったのでしょうか。

ザッソウが求められる社会の変化

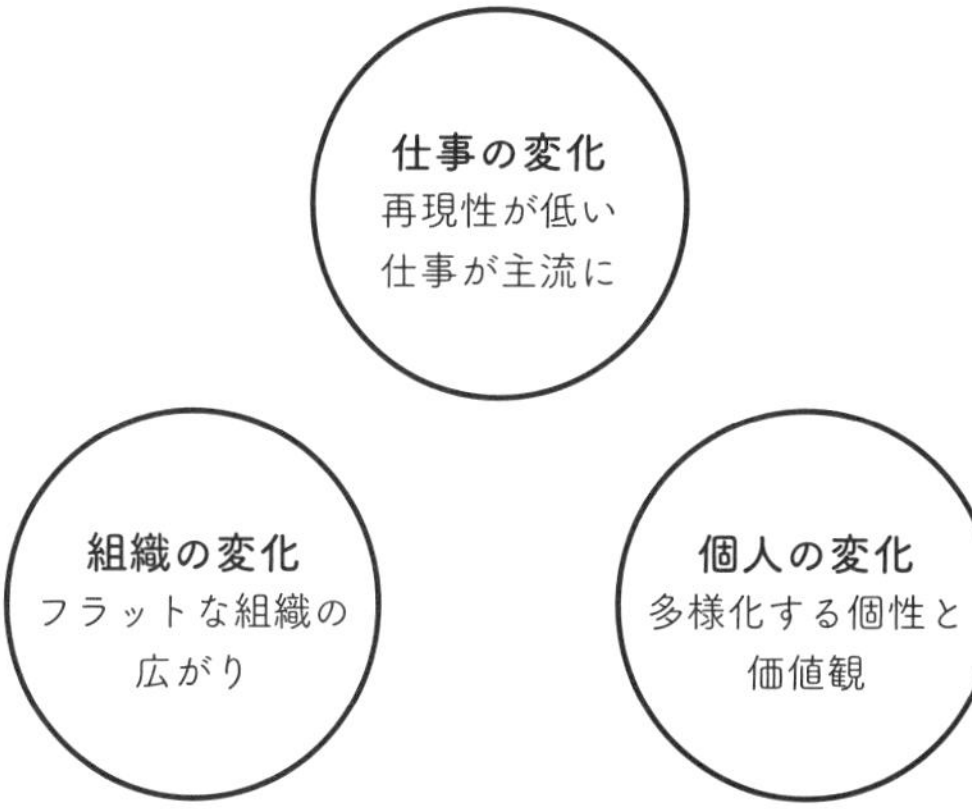

それは社会の変化に伴って起きた3つの変化があったからだと考えています。

仕事の変化　再現性の低い仕事が主流に

もっともわかりやすい変化は、仕事の種類が変わってきたことです。

製造業で大量生産が求められた時代から、**多様化するニーズに対応することが求められる時代に変化しました。**

また同時に、機械化や自動化のコストが下がり、人間が働くよりもロボットやコンピュータに働かせる方が安くなりました。

昔のコンピュータ業界では、人間より

Reproducibility

もコンピュータの方が高価だったので、コンピュータの稼働を最大化させるために、使う側である人間が夜間も交代制で使っていました。まるで人間がコンピュータの奴隷になってしまったかのようでした。

それが今や1人1台のコンピュータを使えるまで安価になったことで、相対的にコンピュータを扱う人の人件費の方がはるかに高くなってしまったのです。

そうした環境の変化によって、**繰り返しの単純作業はコンピュータに、大量生産はロボットによって代替される**ようになり、人間が行う仕事の種類が変わってきました。マーケティングや商品企画といった新しいものを生み出す仕事、プログラミングやデザインといった一点ものをつくり出す仕事、コンサルタントや士業といった人の抱える問題を解決する仕事などが主流になってきたのです。

どんな仕事もクリエイティブな仕事に変わる

そうした仕事で求められるのは「**創造性**」であり、その**最大の特徴は「再現性が低い」**ということです。昨日今日と毎日同じ仕事をするわけではなく、何人かの同僚がいてもそれぞれが違う仕事を行います。一度やったからといって、次も同じように再現することができないのです。

再現性が低い仕事はマニュアル化できません。たとえば、絵を描く仕事はマニュアル通りにできるものではありません。そうした再現性の低い仕事のことを、私は「**クリエイティブな仕事**」と呼んでいます。クリエイティブな仕事と聞くと、自分の仕事とは関係ないと思う人もいるかもしれませんが、再現性の低い仕事だと定義すれば、**現代の多くの仕事はクリエイティブな仕事だといえます。**

税理士の仕事も、以前は帳簿作業自体に高い価値がありましたが、freeeやマネーフォワードといった新しいサービスが登場したことで、単なる作業の価値は相対的に下がってしまいました。これからは、経営者の税務に関する相談役としての価値こそが求められます。そもそも、それが税理士がすべき仕事の本来の価値だったはずです。

他にも社内の仕事、たとえば人事の仕事も、毎月の給与計算や振込処理、人事制度を守っているかのチェックなどはＩＴを活用することで減っていくはずです。それよりも社員が活躍できるようなキャリアパスを設計する、幅広い採用のためのアイデアを出す、採用プロセスの改善をする……と、どれも創造性が必要です。

事務職やコンピュータを使う仕事以外でもクリエイティブな仕事の比率は増えてい

きます。営業の仕事や管理職の仕事にしても、相手が人間である限り再現性は低くなりますし、状況を打開するにはアイデアが求められます。人間相手ということであれば、介護職なども同様でしょう。ホスピタリティを発揮するにも創造性は必要です。

そもそも単純作業の仕事において、**ただひたすら同じことを繰り返して、再現性のある成果を出すことは、人間よりも機械やコンピュータの方が得意**です。人間に求められるのは、それらを使いこなす創造性です。単純作業にひたすら時間をかけて取り組むのではなく、創造性を発揮してスマートに解決することが求められるようになるのです。

クリエイティブな仕事に効くザッソウ

再現性の低いクリエイティブな仕事には、お手本となる正解がありません。

たとえば記事を書く仕事をしていれば、より多くの読者に刺さるものをつくりたいと思うものですが、そのためにどうしたら正解なのかを事前に知ることはできません。そもそも正解かどうかなど、ビジネスの世界では意味がありません。**大事なことは価値を生み出せたかどうか、顧客にとって役に立ったかどうかです。**

しかも、今は顧客自身も何を求めているのかわからない時代でもあります。顧客に聞いたからといって、役に立つものが生まれるとは限りません。

自動車を爆発的に普及させたヘンリー・フォードは、こんなことを言っています。

「もし顧客に、彼らの望むものを聞いていたら、彼らは『もっと速い馬がほしい』と答えていただろう」

新しいものを創造するには、顧客に聞いた通りにつくっても成功するわけではないのです。こうした仕事において創造性が求められたときにこそ、ザッソウは効きます。

1人でいくら考えてもアイデアが出てこなかったのに、仲間や上司に相談したら解決してしまったということがあります。ボンヤリとした状態でもザッソウに付き合ってもらうことで、相手に説明しているうちに解決の糸口が見つかることがあるのです。

また、ザッソウしているうちに新しいアイデアが生まれることもあります。新しいサービスを考えるときのアイデアは、未知なる技術を使うといった大げさなことではなくて、普段の何気ない困り事を今あるもので解決しようとすることで思いついたりするのです。

高い創造性を発揮するには、1人きりよりも、チームでいる方が良いのです。

組織の変化　フラットな組織の広がり

仕事の種類が変わってきたことによって、組織のあり方やマネジメントの方法も変わってきました。これが2つ目の変化です。

クリエイティブな仕事が増えると、これまでと同じ管理をしていても成果を出すことができなくなります。というのも、クリエイティブな仕事は毎日違うことを行い、同じチームでも全員が違うことをするからです。

そうなると横並びで指示を与え、進捗を管理し、成果が出ている人を評価するということはできません。そもそも細かく指示命令をすることができなくなります。

たとえば新しい商品企画の仕事があって「売れる商品をつくれ！」と言ったとしても、それを指示とは呼べません。かといって、部下にどういった商品なのか事細かに指示をするくらいなら、もはや自分でやってしまった方が速く仕事が進みます。

これはクリエイティブな仕事における宿命みたいなものです。最終的に手を動かす人に、具体的な成果物の中身や品質が任されてしまうのです。上司や依頼者は、でき上がってきたものにダメ出しや助言などのフィードバックをすることしかできません。

しかも頭の中で取り組むような仕事、その結果はパソコンの中ででき上がっていくような仕事になると、もはや進捗管理も本人の弁を信じるしかありません。その生産性にしても、いくらハッパをかけても本人のやる気次第です。「もっと早く考えろ！」と言われてできるものなら苦労はありません。

目標管理にしても半年ごとに目標を設定したりしますが、評価する頃には外的環境が変わっていて、当初の目標が意味をなさないことも起きてしまいます。そもそもクリエイティブな仕事の成果を評価することは非常に困難です。評価する管理者よりも現場で働いている人のスキルの方が上になってしまったら、適切な評価を下すことはできません。それに、それぞれのメンバーが違うことをしているのに、一律に相対評価して順序づけをすることも現実的ではないのです。

「ティール組織」とザッソウの相性

このように従来からある「管理」という手法ではマネジメントが機能しづらくなっ

てきています。それもあって注目されるようになったのが「ティール組織」のような新しい組織とマネジメントです。

「ティール組織」は、フレデリック・ラルーによって提唱された新しい組織モデルです。これまで人類がつくってきた組織を、力と恐怖で支配する組織（レッド）、規律と規範で統制を取る組織（アンバー）、成果と経済性を重視する組織（オレンジ）、多様性と文化で構成する組織（グリーン）といった形で分類していき、その先にある新しい組織（ティール）の形であるとしています。

階層や権力で働かせるのではなく、セルフマネジメントで行動すること。会社や仕事のために自分のパーソナリティを隠す、もしくはだますことなく正直でいられること。組織にいる人たちの集合でその方向性やビジョンが決まることなどが特徴です。

オランダのビュートゾルフという在宅ケアサービスの組織が実現したことで注目され、パタゴニアなどの有名企業の他、日本でいえば不動産業界向けのＩＴサービスを提供するダイヤモンドメディア株式会社も事例として挙げられます。

私たちソニックガーデンも創業当時から一貫して管理職のいない組織であり、経費や有給休暇は決裁なしで利用・取得することができ、売上目標やノルマもなく働く仕組みを実現していることから、ティール組織の事例として紹介されることがあります。

こうした新しい組織では、階層がなく指示命令をしない代わりに、各自が自分の頭で考えることが求められます。とはいえ、それなりの額の経費を使い、何かしら重大な意思決定をしなければいけないときはどうするのでしょうか。

ここでもザッソウが有効です。どんな意思決定であっても**正解はない中で、唯一頼れるものは仲間への相談**です。それも、相手が答えを知っている前提の相談ではなく、一緒に模索していくような相談、つまりザッソウが効くわけです。それに人は誰かとザッソウをしているうちに、自分の中に確信を持つことができるようになります。

『ティール組織　マネジメントの常識を覆す次世代型組織の出現』（英治出版）に書かれた事例では「助言プロセス」といって、重要な意思決定をする際には、同僚や詳しい専門家への相談を必ず行うそうです。

また、従来の組織のように上下関係があると、報告・連絡といったホウレンソウの関係になりがちですが、フラットな組織では誰が上司というわけでもなく、ただ対等な仲間がいるだけなので、おのずと話しかけるのは雑談と相談になっていきます。

これからの組織のあり方とザッソウも非常に相性が良いのです。

個人の変化　多様化する個性と価値観

仕事の種類、組織のあり方に続く3つ目の変化は、個人の生活環境の変化です。

戦後の復興から高度成長期までは、ライフスタイルの充実といえば足りないものを補うことに重点が置かれていました。そこから衣食住に困らなくなって生活必需品がそろうようになり、ある程度の贅沢品まで手に入るようになりました。**物理的に充足されると、次に求められるのが精神的な充足**です。

精神的な充足は、物質的な充足ほどわかりやすいものではありません。人によって求める内容はまったく違い、本人でさえ何を求めているのかわかっていないケースも多々あります。

物質的に満たされていなかった時代に比べて、今は「モノ消費からコト消費へ」といわれるように、旅行や遊び、仲間との時間など体験することに価値を感じる人も増えています。

このように働く人の価値観が多様化してきたのです。だから、キャリアパスの考え方、仕事観、将来に対する不安や期待――それらが年代や世代によって異なるのはもちろんですが、個々人でも大きく異なってきているのです。

昔は終身雇用が当たり前で、1つの会社に入って先輩、上司、その上の上司と見ていけば、自分のキャリアパスがなんとなくわかったものです。それに会社の業績に多少の変動があったとしても経済全体が拡大している時代では、真面目に働いてさえいれば、自分の将来に希望を持つことができました。

しかし今や高齢化社会で、会社よりも人間の寿命の方が長くなったので終身雇用は崩壊しました。それにインターネットや社外に出て外を知る機会が増えたことで、**身の周り半径数メートルだけを見るキャリアパスでは物足りなくなっています。**

似通った価値観であれば、モチベーションの扱い方も落ち込んだときの励まし方もそれなりに理解してマネジメントできましたが、そう簡単にはいかなくなりました。

「1on1」のザッソウで多様化する個性をつなぐ

そうした多様化する個性をまとめ、1つのチームとして目標や目的に向かって一致団結していくには、これまで以上にお互いのことを深く知る必要があります。

最近では「**1on1（ワンオンワン）ミーティング**」という形で、**上司と部下で評価面談とは別に、お互いに考えていることなどを共有する機会をつくっている**組織が多くあります。有名なところでいえばヤフー株式会社が導入しています。

1on1ミーティングは「上司が部下のために時間を取る」というコンセプトのもと、業務の指示命令や評価といった上意下達で伝えるための時間ではなく、部下が考えていることをくみ取る、モヤモヤしていることを話してもらって信頼関係や人間関係を強化していくための時間としています。

この1on1ミーティングこそ、中身はザッソウです。雑談であったり、相談であったり、とくに決着をつけなくてもいいからこそ、気軽に話をすることができます。評価面談をしている中でキャリアの相談はできませんが、ザッソウの場であれば話せることもあります。

上司やマネージャは、１on１ミーティングでのザッソウを通じて、自分にはなかった価値観を知ることができるし、自分とは違う考えを認めるきっかけになります。そして、それを受け入れることができれば、メンバーはより成長し、能力を発揮して輝ける仕事を与えることができるようになるのです。

よく組織には多様性が大事だといわれますが、そもそも人間には個性があり、無理に多様性を求めなくてもすでに多様です。**1人ひとりの人間性や個性を認める、これこそが組織の多様性を実現するうえで必要となります。**そしてザッソウは、多様性を受け入れるための鍵にもなるのです。

2

成果を上げる「ザッソウ」の使い方

ザッソウが複雑化する仕事に有効だとしても、大前提は成果を上げることです。本書によって「雑談は有効なんだ！」と免罪符を得たからといって、仕事で成果を上げることも忘れてただひたすら雑談をする人が増えてしまっては困りものです。

ザッソウを導入する目的は成果を上げることです。まずは、その意識の徹底があって、ようやく雑談をすることに意味が生まれます。とはいえ、もちろん肩ひじを張る必要はありません。そもそも仕事も、ザッソウのように気軽な姿勢で向き合った方が成果を出せるのですから。

それでは、成果を上げるザッソウの使い方について考えていきましょう。

雑談から入って打ち合わせの場を温める

「では、さっそくですが用件から……」

打ち合わせが始まった途端、いきなり本題に入る人っていますよね。もちろん時間を無駄にしないことも大事ではありますが、なかなか面食らってしまいます。

もし業務的な連絡だけであればメールでも済みます。それなのにあえて会って話をしようというときに、**業務的な話を一方的に話すだけでは相手に悪印象を与えてしまうことがあります。**とくに初対面の場合、こちらが話を聞く姿勢ができていない状態で本題に入ってこられたら、話が頭に入らないということにもなりかねません。

デキる営業マンは商談の最初に雑談を入れるとよく聞きますが、あれは何もおしゃべりが好きでうまいからではなく、相手との関係性をつくるために行っています。関係性のない状態で話すのと、多少でも関係性ができてから話すのとでは、相手の心への響き方が違うからです。

いってみれば、**最初にする雑談は、お互いに言葉が通じ合う相手かどうかの確認作業みたいなものなのです。**お互いに「話ができる相手だな」と思えたらそれでＯＫ。ダラダラと長く雑談する必要はありません。

内容は、たとえば「暑くなってきましたね」「素敵な場所にオフィスがありますね」「この駅は初めてきました」など自分の感想を述べるだけでも問題ありません。別におもしろい話でなくても、ただ感想を言って笑顔を見せてしまえば、なんとなく打ち解けられるものです。

できれば、社内の打ち合わせであれば、立場の強い上司やマネージャから軽く雑談をしてあげることで、「自分は話を聞く姿勢がある」という意思表明にもなります。

顧客との会議を円滑に進めるザッソウ

顧客との打ち合わせやコンペでのプレゼンテーションなど、ある程度フォーマルな会議の場合は、事前にアジェンダを用意して滞りなく進行することが大事になります。ただ事前準備をしていたとしても、**会議の直前にするチームメンバーとの雑談は、チーム内の認識合わせに役立ちます。** いってみれば作戦会議です。

よく客先のビルのロビーなどで待ち合わせをしたりすると思いますが、待ち合わせした後すぐに客先オフィスに訪問するのではなく、少しロビーで話をしてから向かったりしませんか？　それもザッソウといってもいいでしょう。

また顧客との会議が終わった後も、すぐに解散するのではなく、カフェに入って直前の会議で話した内容の認識合わせをしたりします。時間が経って記憶が薄れる前に、「顧客の反応はどうだったか」「次のアクションは何か」といった話をするのです。これも休憩を兼ねたザッソウです。

テレビ会議の場合は、直前のロビーでの待ち合わせも、終わった後のカフェでの休憩もないので、意識的に会議の前後にザッソウする機会をつくるようにします。

ハマったときは、クマってもらって解決

「ちょっとクマってほしい」

これは私たちのチームでよく聞くセリフです。システム開発の仕事をしていると、技術的な問題で思いがけずハマってしまうことも珍しくありません。

ハマった原因は解決してみると、ちょっとした見落としであったり、しょうもない打ち間違いだったりするのですが、1人で仕事をしているとハマってしまって無駄に長く時間を使ってしまうことがあるのです。こういったことは、おそらくシステム開発以外の仕事でもあると思います。

このようなとき、**誰かに相談していたら、なんのアドバイスももらっていないのに自己解決できた、という経験はないでしょうか。** 1つひとつ相手に説明をしているうちに、自分の中で考えが整理できたり、ハマった原因が見つかったりして解決してしまうのです。

コンピュータの業界ではこういったことが昔からよくあったようで、とある大学のヘルプデスクにはテディベアのぬいぐるみが置いてあって、問題に困った学生にはいったんぬいぐるみに向かって説明させたという話があります。

つまり、相手は誰であってもいいのです。**こんな風に自分勝手に話しているうちに自己解決することを「テディベア効果」と呼びます。**

このクマのエピソードから私たちは、原因不明の問題にハマったときに「ちょっとクマってほしい」と言って仲間に話しかけるようになりました。相手はクマになったつもりであいづちを打って聞いてあげます。そうすると、大体のことは自己解決することができます。「クマってもらう」、これもザッソウの1つです。

ザッソウでトラブルを乗り切るための関係づくり

プロジェクトを進めていると、トラブルが起きてしまうことは当然あります。スケジュールが遅延して約束した納期に間に合わない、情報セキュリティの問題が発生した、顧客からクレームがきた、急に社員がいなくなって連絡が取れなくなった……そんな場面においてチームにまとまりがないとしたら、その局面を乗り越えることなど決してできません。
チームとしての助け合いが本当に求められるのは、こうしたトラブルに直面したイザというときです。**ただ、イザという場面がきてからチームビルディングをしていたら間に合うはずがありません**よね。

普段からのザッソウを通じた関係づくりがあるからこそ、トラブル時に一致団結できるのです。それに何か困った状況にある仲間を助けようと思えるのは、そこに関係性があるからです。人間である限り、知らない人と知っている人の両方が困っていたら、やはり知っている人を助けようと思ってしまうものです。

また、大変な状況に追い込まれると、どうしてもチームの雰囲気が悪くなってしまいます。悲壮感が漂い始めたプロジェクトは、刻一刻とその深刻さを増し、ネガティブなことしか考えられなくなります。**そんなときこそ、仲間と雑談・相談をし合うことで、前向きな空気にすることができます。**

相談は雑なくらいがちょうどいい

ザッソウという言葉には、「雑談と相談の組み合わせ」以外に、「雑に相談する」という意味もあります。

あなたがマネージャだとして、部下やメンバーから相談を受けるとき、どういった状態で相談を受けたいでしょうか。

仕事の進め方で悩んでいるのに、粘りに粘って締め切りギリギリに相談にこられると困ってしまいます。「もっとサクッと相談してくれたら解決したのに……」と言いたくなるのもわかります。

考え抜いてからの相談は、報告みたいな感じになってアドバイスがしにくいものです。 品質や出来栄えに妥協はしたくないので、ちゃぶ台返しをすることもありますが、それも心苦しいものです。

一通り考えてみたのであれば、完璧を待ってから相談にくるよりも、雑な感じで相談にくるくらいがちょうどいいのではないでしょうか。

また、声をかけるときに「ザッソウいいですか？」と言ってもらうことで、心の準備ができますし、「ザッソウでもいいなら」と心理的な負担も少なくなります。

「一度で伝わる」はありえない

ホウレンソウに期待することは効率的なコミュニケーションです。情報伝達のコストを下げ、的確に伝えることが大事だと教わってきました。

しかし、多くの人と人とのコミュニケーションを見てきましたが、**一度のホウレンソウで完璧に意図や意思が伝わっていることなどほとんどありません。**

同じだけの知識があって、同じ経験をして、同じように考える人同士でもない限り、言葉にして伝えたところで100％伝わることなどありえないのです。

私自身、本を執筆するようになって感じるのは、どれだけ思いを込めて書いた本であっても、多くの人に真意までは伝わらないものだな、ということでした。考えていることを口頭だろうと文章だろうと言葉にした時点で、いくばくかの情報の減衰や歪曲があるのです。

そのため大前提として、**人と人とのコミュニケーションにおいて、「一度で伝わる」「完璧に伝わる」という考えは捨ててしまった方がいい**でしょう。

一度で伝わる完璧なコミュニケーションを目指すよりも、ザッソウを使って何度も軽く伝える方がうまくいく可能性が高いのです。

壁打ち役がいれば、「悩む」が「考える」に変わる

仕事をしていれば難しい問題に直面することは日常茶飯事です。

私に関していえば、今は経営者をしていますから、経営にまつわることで悩み、考えることがあります。管理職をしていた頃は部下の管理について、プログラマだった頃は技術について、若いうちはキャリアについて悩むこともありました。

難しい問題にぶちあたったとき、人は「悩む」と「考える」のどちらかをしています。では、両者の違いは一体なんなのでしょうか。

「悩む」は、前に進まず同じ場所で思考が止まっている状態。「考える」は、前に進むためにどうすればいいかを思案している状態、と聞いたことがあります。

その定義によれば、いくら悩んだところで問題が解決することはありません。問題と対峙したときは、「どうすればいいか」に意識を向けるのです。そうすれば「悩み」ではなく「考える」ことになります。

とはいえ、1人でいると前に進む決断をするのはなかなか難しいものです。そんなときもザッソウです。**決めあぐねていたことを仲間に相談しているうちに、前に進むしかなくなって、考えるようになったりします。**

よく「壁打ち役」といったりしますが、1人でウンウンと考えるよりも、誰かと話しながらの方が思考が進むことがあるはずです。壁打ち役の仕事がザッソウになるのです。

仕事を依頼するよりも、問題の相談をする

部下やパートナーに仕事を頼むとき、どんな風に依頼しているでしょうか。仕事の頼み方次第で、人のやる気は大きく変わるものです。

「プレゼン資料をつくってほしい」と依頼するのと、「来週までにプレゼン資料を用意しないといけないんだけど、ちょっと手が回らなくて困っているんだ」と相談する

のとで、どちらが前向きに取り組んでくれるでしょうか。きっと後者のはずです。

誰かに決められた仕事を言われたからやるのでは、どうしても自分の仕事と思うことができません。自分事として捉えられない仕事では、生産性も品質も期待できないでしょう。

それよりも、人間は頼られると応えたくなるものですし、困っている人は助けたくなるものです。関係性ができていることが前提ですが、困っていることを相談すると、なんとかできないかと一緒に考えようとしてくれます。

そのうちに相談を受けている人の方から、一肌脱いで手伝おうかと提案してくれることさえあります。そうしてやってもらう仕事は、自分事になっているので良い成果を出すことができます。

また、**依頼ではなく相談から入ることで、相手の知見を得て、より良い解決策が見つかる**こともあります。

たとえば、デザイナーにポスターを制作してもらったとします。その修正依頼で

「ここは目立たせたいから、大きな文字にしてほしい」と依頼をするのか、「ここの部分があまり目立っていないんだけど、どうしたらいいだろう?」と相談するのか、の違いです。

後者のように相談をすれば、「文字が目立たない」という問題を解決するために、文字の大きさを変える以外の提案を、自分だったら思いつかないプロの視点でしてくれるかもしれません。

このように相談から入って仕事をお願いすると、決まった依頼をただしてもらうだけよりも、より大きなパフォーマンスを発揮してもらうことができます。ザッソウで仕事のパフォーマンスが変わるのです。

3 「ザッソウ」がチームに及ぼす6つの効果

仕事の中でザッソウを活用することで、生産性や成果に良い影響を与えることは理解できたと思います。ただザッソウの効果は、そうした短期的な仕事の進捗を上げるだけではなく、長期的な視点で見てもチームに良い影響を与えてくれます。

むしろザッソウあふれるチームにしていくことで、変化に対応しやすい本当の強さを身につけることができるでしょう。

そんなザッソウがチームにもたらす効果について6つに分類しました。本章では、それらについて解説していきます。

助け合いのできる信頼関係が構築される

普段から雑談し合える関係性ができていると、仕事の相談を気軽にすることができます。もし関係性ができていない状態だと、何かお願いしたいことや相談したいことがあっても、「頼んでも引き受けてくれるか」「相談しても相手にされないのではないか」とためらってしまいます。

相談される側にとっても、まったく関係性のない人から相談されたら、「なんとかしたい」よりも「面倒だ」という気持ちが勝ってしまうはずです。とびきりハートの強い人なら誰にでも相談できるかもしれませんが、それは参考になりません。

Facebookをはじめとした SNS などで知り合いや友人とつながっている人も多い

ザッソウがもたらす6つの効果

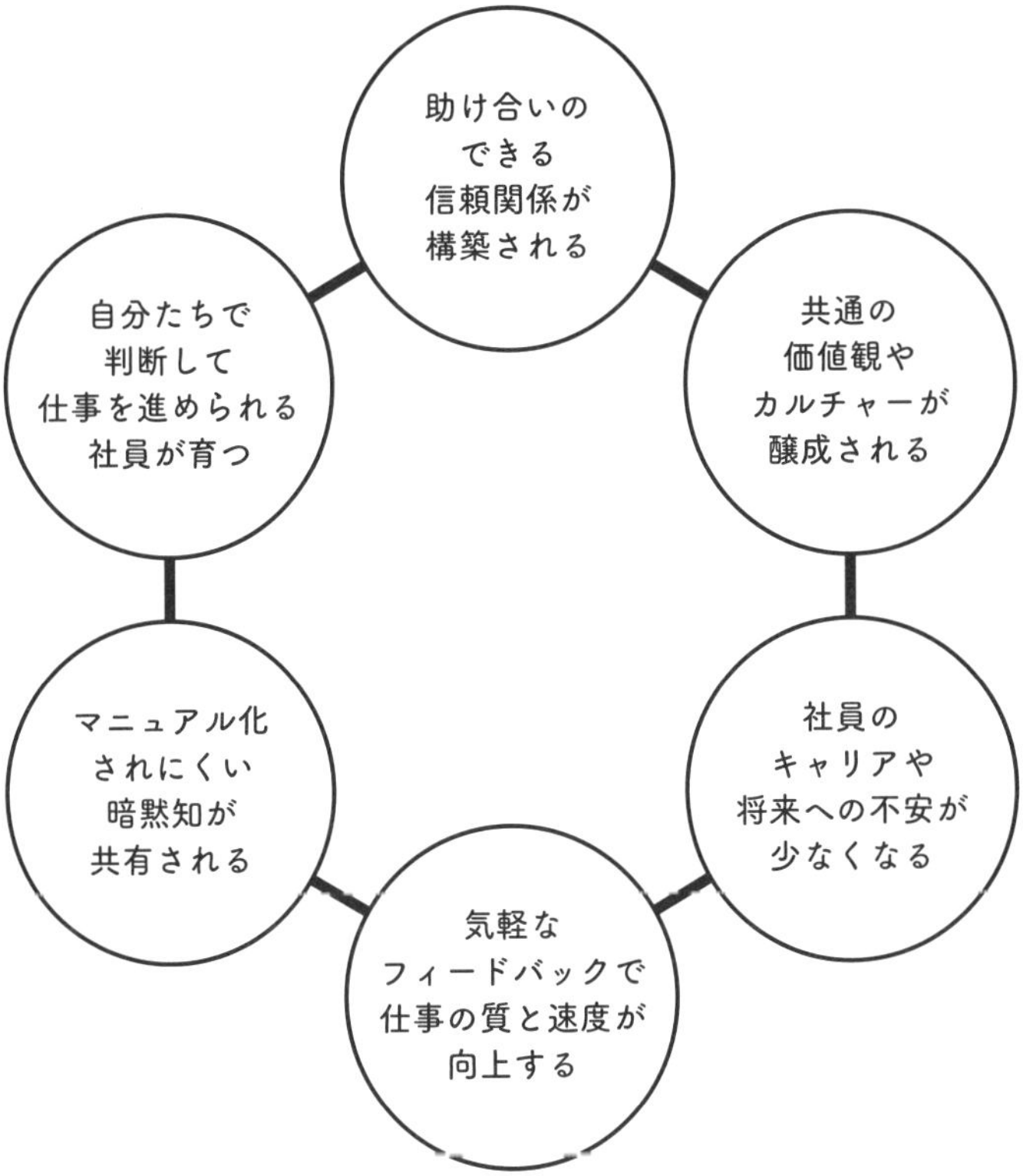
助け合いの
できる
信頼関係が
構築される
共通の
価値観や
カルチャーが
醸成される
社員の
キャリアや
将来への不安が
少なくなる
気軽な
フィードバックで
仕事の質と速度が
向上する
マニュアル化
されにくい
暗黙知が
共有される
自分たちで
判断して
仕事を進められる
社員が育つ

と思います。それでも、**やはり普段からコミュニケーションを取っていない人に声をかけるのは勇気がいるものです。**頻繁にコメントでやりとりをし、「いいね！」を押し合っている人の方が話しかけやすいのではないでしょうか。

繰り返し接することで好意度や印象が高まる効果を、心理学では「単純接触効果」や「ザイアンスの法則」といいます。CMで流れる曲が売れる仕組みも同じです。フォーマルな場や会議でたまにしか会わない人よりも、オフィスやチャットでちょくちょく話をし、見かけている人の方が好意を持ちやすいのはそのためです。

また、**普段からザッソウができていれば、社内の雰囲気や社員たちの様子もなんとなくわかります。**調子が悪そうなメンバーがいたら気づくことができますし、もしそんな状態のメンバーがいたら、そのことを知っているメンバーとザッソウして詳しい様子を聞くこともできるでしょう。

チームの状態が良いか・悪いか、嗅覚によってなんとなく判別できることは優れたマネージャの資質の1つですが、ザッソウが当たり前になっていることで、より違和感に気づきやすくなるのです。

信頼関係は、ふとした拍子に突然生まれるものではありません。普段の何気ない会話をしていることで少しずつたまっていく貯金のようなものです。ある程度までたまったら、そんなに頻繁にザッソウしていなくても、話しかけることができるようになります。ですから最初のうちは、ザッソウを多めにすることを意識して信頼をためていってください。

困ったときにザッソウして助けてもらうには、チームの仲間が何を得意としているのかを知っている必要があります。「この業務については山田さん」「こういった技術については田中さん」といったように、それぞれの得意領域を知っていればザッソウがしやすくなります。

ニワトリとタマゴみたいな話にもなりますが、普段からザッソウしていれば、なんとなく誰が何を得意としているのか、どういった役割が向いているのか知ることができます。ザッソウしておくことで、より一層ザッソウしやすくなるわけです。

共通の価値観やカルチャーが醸成される

会社やチームのように人が集まると、そこには共通の価値観が生まれます。それを企業では「企業文化」と言ったりしますが、本書ではそうしたものを総称して「カルチャー」と呼ぶことにします。

カルチャーが育つと、それに合致した人が集まってくるものです。カルチャーが明確になれば、社員たちの行動もそれに沿ったものになっていきます。ですから良いカルチャーは、良い組織をつくりますし、そうでなければ正反対の悪い結果を招きます。

カルチャーを重視して成功を収めた会社に、靴のオンライン販売を行っているザッポスがあります。創業者でCEOのトニー・シェイは、サービスを中核としたカルチャーを築き、育むことを重視すれば、成果はおのずとついてくると考え、実践してきました。

そのザッポスのカルチャーは、「顧客がWow！と思う感動体験を届ける」という価値観をベースにしたサービス精神あふれるものになっています。

ザッポスのカルチャーを有名にしたエピソードがあります。病気の母親のために靴を購入した女性が、その母親が亡くなってしまったバタバタで靴を期限内に返品し損ねてしまい、「必ず返品するので少し待ってほしい」と連絡したそうです。そこでザッポスのサポート担当は、従来であればやっていない集荷サービスを手配することを提案します。それだけでも女性は感動したのですが、さらに翌日にはザッポスからお悔やみの花束が送られてきたことで、涙があふれるほどに感動したという話です。

このサポート担当に特別な権限があったわけではありません。「顧客を満足させるためであれば何をしてもいい」というカルチャーがあったからできたのです。

カルチャーには人の行動を変えてしまうほどの力があります。もし「利益さえ上げれば何をしてもいい」というカルチャーの会社があれば、不正をしてでも利益を上げようとする人が出てこないとも限らないのです。

それでは価値観を共有してカルチャーを育んでいくには、どうしたらいいのでしょうか。

ザッポスをはじめ**カルチャーによって成功した企業に共通しているのは、創業者やトップがカルチャーの発信源であり、その重要さを理解している**という点です。そのための労を惜しむことはなく、繰り返し価値観や哲学を伝えます。

ただ、トップダウンで強力に発信するだけでは、組織全体が共通認識を持つまでには至りません。チームにザッソウがあふれることで、カルチャーにまつわるエピソードが「良い噂話」として、雑談を通じて広がっていくのです。素晴しいストーリーが生まれていても、ザッソウがなければ知られることも、広まることもないでしょう。

また、チームの先輩メンバー同士でザッソウしているところを後輩が見ているだけでも、「こういう場面での、こんな行動が賞賛されるんだ」といったことが伝わっていきます。これを「劇場効果」と呼ぶのですが、**若手にとっては自分から話ができなくても、ザッソウに参加しているだけでカルチャーや価値観を学ぶ機会になる**のです。

社員のキャリアや将来への不安が少なくなる

人が組織で働いているとき、悩み、考えることは大きく2種類あります。

1つは「目の前の仕事をどう解決するのか」「どうやって価値を出すのか」など仕事の進め方に関すること。もう1つは目の前の仕事の話ではなく、もう少し外側から見た「自分のキャリアや将来」に関することです。

仕事のように、正解はなくても前へ進めることが目的としてあるものは、どうやって進めるのかを相談することができます。

しかし、**キャリアや将来についてとなると、公式に相談する機会はそうありません。**それにキャリアや将来は、どこに向かうのかというところから悩んだりするものですから、相談できるレベルにまで持っていくこと自体難しいのです。

そんなモヤモヤを上司や先輩の時間を使ってぶつけることへの遠慮もあります。たとえ目標管理や評価の面談で上司と話をする機会があったとしても、そこでモヤモヤしたことを話すのはハードルが高いものです。

こうした話は、同期や友人、恋人やパートナーに話すくらいではないでしょうか。その結果、場合によっては転職を決めてしまうこともあり、そうなると上司のもとへ相談にきたときには、もはや結論が出てしまっている、ということになるのです。

モヤモヤした状態だと上司の時間を奪ってしまうことに遠慮してしまう。一方で、結論が出てからだと話しかけやすくなるけれど、すでにそれは相談ではなくなってしまっているというジレンマです。この状況を打破するのもザッソウです。

評価面談でモヤモヤは話せませんが、ザッソウの中でならいくらでもモヤモヤした気持ちを話していいし、結論が出なくても構いません。そもそも結論を出さないモヤモヤした感じを話すのがザッソウなのです。

上司やマネージャの立場からすると、ザッソウがあることでメンバーが抱えている悩みを知り、ケアすることができるので、急に退職する人を減らすことができます。部下にしてみると、ザッソウを通じてモヤモヤを吐き出すことで、それを上司に知ってもらえているという安心感を得ることができます。

また、キャリアや将来についての話をザッソウの中でしておくと、たとえば来期の体制や新しいプロジェクトが始まるときに、希望していた将来につながる仕事に就いてもらうことができるかもしれません。そうなると、希望の仕事に携わることができた本人は高いモチベーションで取り組んでくれるので、より大きなパフォーマンスを発揮してくれることが期待できます。

気軽なフィードバックで仕事の質と速度が向上する

企画書や報告書の作成、プログラムやデザインなどの仕事をしていると成果物がたくさんあります。そうした成果物の質とつくり出す速度を向上させるにはどうしたらいいのでしょうか。

マネージャや上司として困るのは、依頼や指示をした内容とまったく違うものが時間をかけた後に出てくるケースです。その場合、やり直しをしてもらうことになって大幅に時間と労力をロスすることになります。手戻りの発生です。

なるべく手戻りのない仕事をしてもらうことが、全体の生産性に影響を与えます。そのため、できるだけ最初の依頼や指示の段階で、完成イメージに対するすり合わせを行う必要があります。

しかし、マニュアル通りにつくるものと違い、新しく生み出すものの場合、事前のすり合わせにも限界があります。ある映像に合わせた楽曲をつくってもらおうと思ったときに、どれほどイメージをすり合わせておいても、イメージ通りのものができ上がることはまれです。そもそも依頼した時点で完璧なイメージなど持つことはできません。

ですから、**少しずつ確認していくことが手戻りを減らす最善手となります。**とはいえ、中途半端な状態で人に見せることに抵抗があるのもわかります。ましてや上司に見せるとなると、マイナスの評価を受けたくない気持ちから、途中経過を見せにくくなってしまうでしょう。

そこでザッソウの形を取りながら、途中で確認する機会をつくるのです。むしろ上司やマネージャから声をかけてあげることで、ちゃんとした報告ではないけれど、途中の状況を確認することができます。そうして途中であっても確認することができれば、依頼した側も完成品に対する理解度が上がるため、より適切なフィードバックをすることができます。

仕事ですから責任を持って任せることも大事です。ですが、より大事なのは、優れたプロダクトや素晴しい成果物をつくることです。

依頼した側と受けた側で頻繁にザッソウをしていけば、頼む・頼まれる関係から、まるで共同制作をしているような関係になります。そして、一緒につくり出している感覚の方が楽しく仕事ができ、成果にもつながるものなのです。

システム開発の世界には「ペアプログラミング」というアイデアがあります。これはプログラミングの作業をペアになって行うもので、1人がプログラミングをし、その横でもう1人が全体を把握しながらミスがないように助言し、でき上がっていくプログラムの品質チェックを行います。ペアプログラミングはつくりながらチェックをしていくので、品質が非常に良くなりますし、ペアで仕事をする点でザッソウしながら楽しく仕事することと似ています。

マニュアル化されにくい暗黙知が共有される

仕事において、その現場で得られるノウハウや、その人が経験して得られた知見などを、一般的に「ナレッジ」と呼びます。そして、ナレッジをうまく共有していくことが企業やチームとしての強みになります。

一橋大学名誉教授の野中郁次郎さんの『知識創造企業』（東洋経済新報社）によれば、企業が蓄積するナレッジには2種類あるとされています。それは「暗黙知」と「形式知」です。

暗黙知：個人の中にある主観的で、きれいにはまとまりきらないナレッジ
形式知：明示的に共有できるよう客観的に表現されたナレッジ

マニュアルや書籍になったものは形式知で、それを共有することはさほど難しくあ

知識創造のSECIモデル

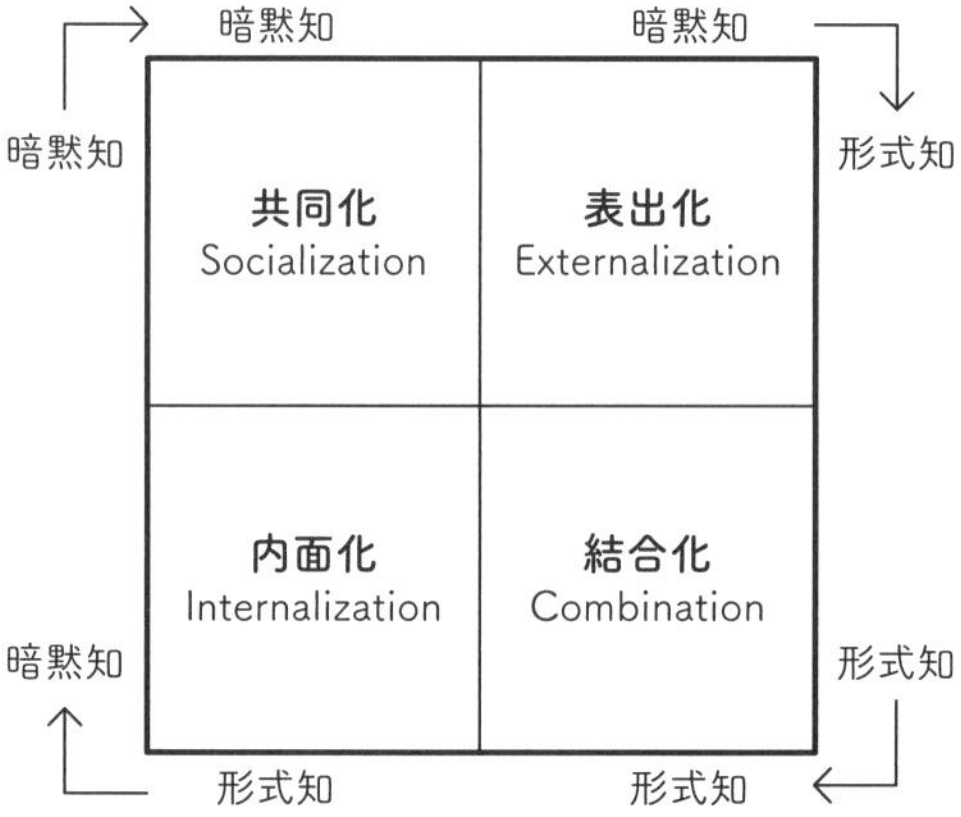

りません。ですが、暗黙知の共有はやっかいです。

そこで、**個人が持っている暗黙知をチームのナレッジとして形式知に変換し、蓄積していくためのプロセスとして「SECIモデル」があります。**

SECIとは、「共同化（Socialization）」「表出化（Externalization）」「結合化（Combination）」「内面化（Internalization）」の4つの変換プロセスの頭文字を取ったものです。

暗黙知をマニュアルなどの形式知として表現していく表出化、形式知を組み合わせることで新しい形式知を創造する結合化、形式知を他のメンバーに広めるために実践を通じて身につける内面化といったプロセスがあります。

とりわけ再現性の低い仕事において重要なのは、共同化と呼ばれる暗黙知のまま共有していくプロセスです。創造性を求めると属人性が高まることは仕方ないとして、「どうやって個人の持つ暗黙知を共有していくのか」「どうやって形式知に落とし込めない経験則や学びを伝えるのか」――これらについて考えなければなりません。

この場合もザッソウが有効です。なぜなら**ナレッジとは、仕事に取り組む中での雑談や相談によって伝承されていくもの**だからです。

たとえば、つくった企画書のレビューを通じて語られる先輩から後輩への経験談、部下から仕事の相談を受けて語った知見などは、フォーマルな場よりも仕事の合間のザッソウで伝わっていきます。

ナレッジは伝える側である上司や先輩が持っている具体的な経験と、今、目の前にある具体的な問題や状況が組み合わさって伝わるものなのです。そのため、前提となる文脈が高度すぎて形式知にすることは非常に難しいのですが、雑談や相談といった口頭でなら微妙なニュアンスも伝えることができるのです。

自分たちで判断して仕事を進められる社員が育つ

トップダウンに統率された昔の軍隊のような組織も生産性が高いチームのスタイルかもしれませんが、今の時代には合わなくなってきています。現場で起きる問題は様々であり、ビジネスチャンスを逃さないためには、個々のメンバーが自分自身で判断し、行動することが求められます。

上司やマネージャにいちいち確認しなくても、自分で判断して実行できる――そんな決断力と行動力を社員に身につけてもらうためにはどうすればいいのでしょうか。

それは決断する機会を多く持つことです。**決断力は勉強して育つものではなく、自分で決断した経験の積み重ねによってのみ身につけることができます。**ホウレンソウで上司に相談して確認するのもいいですが、それでは上司に決断を委ねてしまうことになって決断する経験を得ることはできません。

ザッソウの良い点は、その場で決断をしなくてもいいということです。これまでなら上司からしてみると、「相談されたら代わりに決めてあげないと」という気持ちになってしまいますが、ザッソウであれば話を聞くだけでもいいのです。そうすると、最終的には本人が決めるしかありません。

決断をするのは本当に難しいものです。「断ることを決める」と書くように、どんなことにもトレードオフがあるので、何かを決めたらそれによって何かを失う可能性があるわけです。**そんな難しい決断も、まずは小さな決断を続けていくことで、徐々に大きな決断もできるようになります。** 決断する機会がないまま何年もすごしてしまうと、仕事だけでなく人生の決断もできなくなってしまうでしょう。

また、メンバーが「決断力を身につけよう」と自ら決断するには、たとえ決断したことで失敗したとしても責められないという共通認識がチームに浸透していることが重要です。むしろリスクを取ったのですから、賞賛されこそすれ責められるようでは誰も決断をしなくなってしまいます。

ここで忘れていけないのは、決断の結果うまくいってもダメであっても、ふりかえりをすることです。ふりかえりといっても反省会ではなくて、ザッソウで構いません。「何があったのか」を確認し、「そこから気づいたことは何か」を共有し、「次にどうしていくか」を話します。

そのふりかえりの中で、上司やマネージャは「自分だったらどう考えたか」という価値観を共有しましょう。メンバーにとって、どう考えて決断するのかというプロセスを学ぶことが重要だからです。そんな決断プロセスを教わる機会は、普段の仕事の中ではあまりありません。そこで、**ふりかえりというザッソウの機会を使って共有するのです。**

とはいえ、難しい判断を迫られる場面もあるはずです。そうしたときこそ、決断のプロセスにザッソウを組み込みましょう。最終的に自分で腹をくくって決断するようなときでも、専門家や同僚とザッソウしていくことで、決断するための自信が身につきます。

誰もが自分の頭で考えて決断できる社員になることで、仮にチームの誰かがいなくなったとしても柔軟に適応することができます。ザッソウこそが属人性の問題に対する最善の対抗策なのです。

4

働きがいと働きやすさの両方を高める「ザッソウ」

高度成長時代からバブルの時代までは、バリバリとたくさん働くことが良しとされてきました。

それから経済成長が頭打ちになりつつも生活自体は豊かな時代になり、労働にまつわる問題が明らかになってきました。多くの企業で過重労働にならないように働き方が見直され、**今ほど「働きやすさ」が注目される時代はないといっても過言ではありません。**

一方で「働きがい」も求められる時代です。少子高齢化の影響もあってどの企業も人手不足に陥る中、自身の成長の機会を得られるような働きがいを感じられる会社に転職していく優秀な人材も多くいます。

これからは**働きがいと働きやすさの両方を備えている会社に、優秀な人材が集まる**ようになってくるでしょう。

「働きがい」と「働きやすさ」は違う

働きがいと働きやすさは似ているようで違うものです。

働きがい：仕事を通じてやりがいを感じること
働きやすさ：仕事をしていくうえでの環境や制度に関すること

それぞれ別の軸であって、**必ずしも働きがいと働きやすさは連動するものではありません。**ですが、ここでは働きがいの軸と働きやすさの軸が交差してできる4つの象限について考えてみましょう。

たとえば、ベンチャー企業であれば、成長の機会が得られることで働きがいを感じることができます。しかし、人数が少ない中で急成長が求められるような場合は、働きやすさに満足はいかないかもしれません。

一方、社員数の多い大企業であれば、働きやすさは高くなります。とくに上場企業であれば、コンプライアンスと人権を重視した制度設計のもと安心して働ける環境があり

「働きがい」と「働きやすさ」のマトリクス

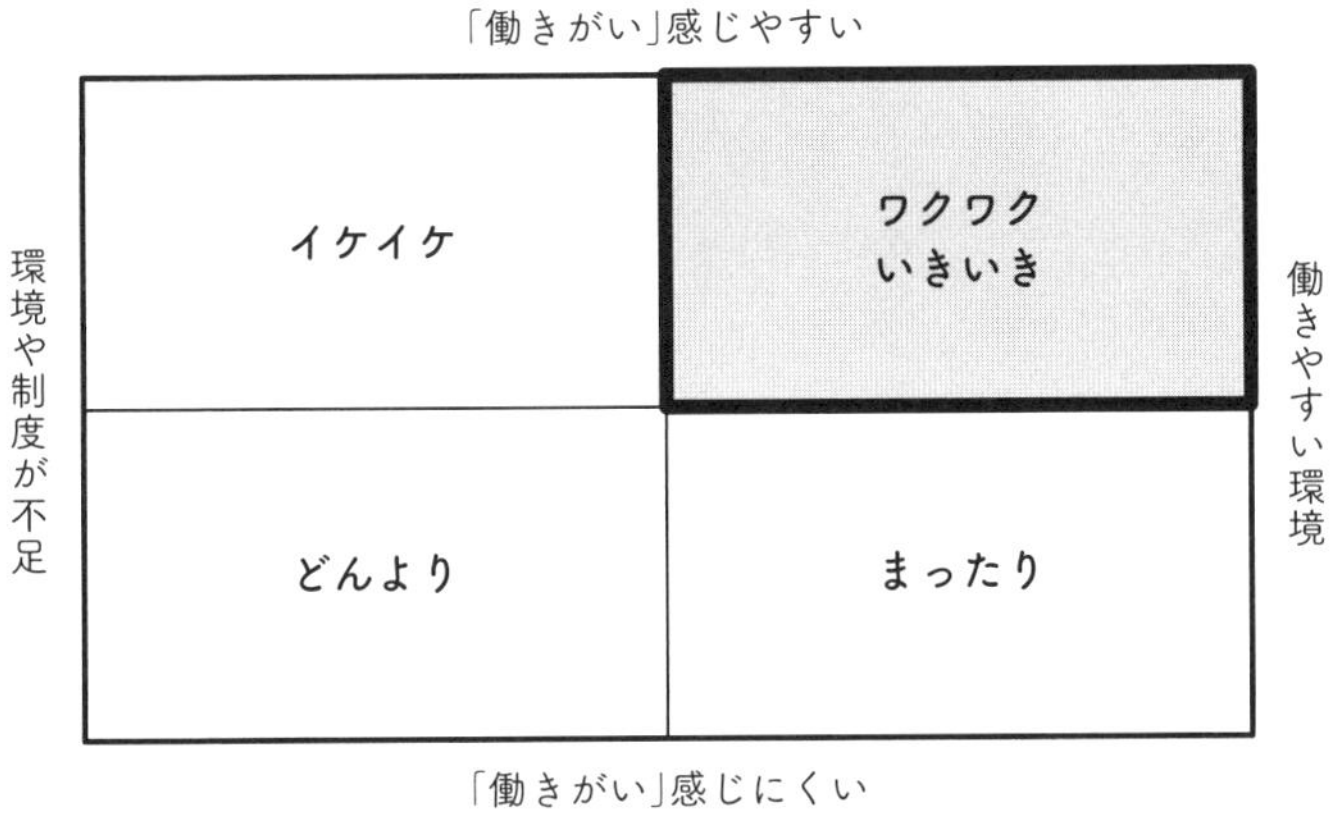

ます。しかし、大きすぎる組織では役割分担が細かく、自分の仕事が社会や顧客にどう役立っているかわからずに、働きがいが感じられないこともあるでしょう。

　これは傾向の話であり、実際はベンチャー企業でも働きやすい場合もあるでしょうし、大企業でも働きがいを感じられる場合もあるでしょう。また、もしかしたら働きがいも働きやすさもないという職場もあるかもしれませんが、さすがにそこにいると自覚したら転職の検討をオススメします。

　私自身、学生時代にベンチャー企業で働いた後に、上場企業に就職して10年ちょっとしてから社内ベンチャーを立ち上げ、それを買い取る形で独立起業をしました。

そのため、大企業とベンチャー企業の違いがよくわかります。その経験からいっても、やはり働きがいと働きやすさのバランスが取れて両立できている状態が理想です。

働きがいと働きやすさが両立したワクワクする職場には、事業を自分事として考えられる人たちがいる活気の良さと、経済的に安心できて家族や自分の時間を持つことができる制度があります。

そんな職場をつくることができれば、優秀な人材が集まってくるでしょうし、離職率も低くなるはずです。そして、このような良いサイクルが回り出すことで成果が上がるようになるのです。

なぜザッソウが「働きやすさ」に影響するのか？

働きやすさの本質とは一体なんでしょうか。立派なビルやオフィスがあること、福利厚生の制度がしっかりしていることなどは表面的なものです。

以前、アメリカ西海岸にある有名なＩＴ企業へオフィス見学に行ったことがあります。そうした企業のオフィスでは、広々としたエントランスにワークスペース、そしてなぜかビリヤード台が置かれたスペースや、無料で食べられる食堂、お酒を飲めるバーまでありました。

たしかに働きやすさを重視しているように思えますが、少し違和感を覚えました。それはオフィスになんでもそろえておくことで、ワーカホリックのように働かせようとしている風にも見えたからです。

それよりも、オフィスのような画一化された環境に人を当てはめるのではなく、**個人個人の人生や家庭環境に合わせて制度を整えたり、環境を整備することの方が、本当の働きやすさにつながるのではないでしょうか。**

私たちの会社では社員の半数以上が地方に住んで在宅勤務をしています。これは最初からそんな働き方だったわけではありません。入社したい熱意のある方が在宅勤務でしか働けなかったために制度を用意したのですが、そうすると同じように在宅勤務で働きたい人の応募が増えてきたのです。

そのうち、在宅勤務だと子どもが小さいうちは集中できないといった事情があるということで、自宅で働くのが難しい人には近所で事務所を借りられるようにもしました。これも画一的に全員ではなく、そうした事情がある人にだけです。

さらに、旅行しながら働きたいという人が出てきて、それも実現できるようにしたことで、東南アジアを旅行しながら働く人、オーストラリアを1周しながら働く人まで出てきました。それが、彼らにとっての働きやすさだったのです。

こんな風に、1人ひとりが考えている働きやすさをできる限り実現するためには、「どんな理想を抱えているのか」「どんな悩みを抱えているのか」を普段から知っている必要があります。公式なホウレンソウであればこうした話を引き出すことは難しいでしょう。やはりザッソウがあるからこそ知ることのできる情報なのです。それに、どこまで実現できるかは状況によりますが、何よりも自分の人生や働き方に関する相談を気軽にできる状況こそが、本当の働きやすさではないでしょうか。

なぜザッソウが「働きがい」に影響するのか？

働きがいは一体どんなときに感じることができるのか——それは、働きやすさよりも実現が難しくなります。働きがいは、働いている本人がどう感じるかであって、外部から与えられるものでもないし、お金をかければ実現することでもありません。

働きがいを感じる要素は、個々人によって違います。人から評価されて、たくさんの報酬を得られることに働きがいを感じる人もいれば、技術的にできなかったことができるようになって働きがいを感じる人もいます。顧客の喜ぶ顔に働きがいを感じる人もいるでしょう。

人が何かに取り組んだときに手応えを感じるのは、対象から反応があったときです。「暖簾《のれん》に腕押し」といいますが、仕事している相手が無反応であれば不安になりますし、そこに手応えは感じられません。

少なくとも手応えがあることは、働きがいの必須条件といえます。それは、どのような形であれフィードバックがあることです。半年に一度の評価面談や定例会議などを待つことなく、気軽にザッソウしてフィードバックされる機会があればいいのです。

また、成長している実感を得られることも働きがいにつながります。それまで手こずっていた仕事を短い時間でできるようになる、重要な仕事を任せてもらえるようになることで、働いていて良かったと感じられます。

究極的には、自分の思った通りに仕事や企画ができれば、うまくいってもそうでなくても最高の働きがいを得ることができます。だから、社長や創業者はとても働きがいを感じているのです。

「許可を求めるな、謝罪せよ」という有名な言葉があります。何かに取り組みたいと考えたとき、許可を得るためにいろいろと準備や確認にコストをかけるよりも、行動してしまった方が良いという行動指針です。この言葉は多くの会社員に勇気を与えたのではないかと思います。

とはいえ、「結局はダメだったら謝罪するのか」と思うと少し気が重いですよね。**そこで許可を求めるまではいかなくても、普段からザッソウしておくことです。**ザッソウによって関係性ができていれば、謝るときも深刻な感じでなく、お互いに笑って許し合うことができます。「許可を求めるな、ザッソウせよ」でいきましょう。

人間の本質を捉えた方が成果は上がる

働きがいや働きやすさは直接の成果につながるものではありませんが、長期的な視点に立ったときの成果には影響を与えます。属人性を排除しきって誰が働いてもいいようにすることも大事かもしれませんが、それよりも優秀な人に長く一緒に働いてもらう方が大切です。それに、働きがいがあって働きやすい、ワクワク感のある職場の方が、結果として成果を出すことができます。

私も経営に参画している「北欧、暮らしの道具店」を運営する株式会社クラシコムでは、18時の終業時間に全員が退社するワークスタイルを徹底していますが、それでも大きな成長を実現しています。猛烈に長い時間を働くことだけが成果を上げる方法ではないと実証しているのです。

そんなクラシコムの職場の特徴は、雑談であふれていること。あいさつを交わした後のちょっとした会話、打ち合わせ前後の雑談、社内にあるキッチンで提供されるランチをしながらのおしゃべりなど、明るい笑い声の絶えない職場なのです。

それがダラダラと生産性を下げる雑談にならず、仕事を円滑に進める潤滑油のような雑談になっているのは、**「時間内に成果を上げる」という考えがしっかり根づいているから**だと見ていて感じます。

雑談をすることによって、雑多な情報から新しい知識を得られたり、思いもしなかった新しいアイデアが生まれたり、普段から相談しやすくなったり……と、良いことがたくさんあります。それ以前の話として、**そもそも人間同士のコミュニケーションは人にとっての癒しになります**。

誰とも話をしないで孤独に仕事をし続けることなどできません。もちろん、1人で静かに考えたり、集中して作業したりすることが好きな人もいるでしょう。私もその1人です。しかし、だからといって何日も何週間も1人きりで仕事をしたいとは思いません。共通の目的に向けて、多くの仲間とコミュニケーションを取りながら成果を出していきたい――そんな思いを持って会社やチームに所属しています。

そうした人間の本質を捉えて考えると、ロボットのように無言でコツコツ働くよりも、**雑談や相談、ザッソウあふれる状態で働く方が、働きやすく働きがいもあり、そのうえ成果も出していける**のです。

第3部

「ザッソウ」しやすい職場のつくり方

じつは、道ばたに生えて繁殖していくということは、植物にとって、かなり高いハードルである。

土の少ない道ばたに生えることは簡単ではない。耕されたり、草取りされる畑の中に生えることも簡単ではない。

簡単に「邪魔になる草」と言うけれど、じつは、「邪魔になる草」になることは、大変なことなのだ。

雑草というと、その辺の何でもない植物が、何でもないようにどこにでも生えているように思うかも知れないが、それは違う。

じつは、どんな植物でも、簡単に雑草になれるかというとそうではない。


（稲垣栄洋『雑草はなぜそこに生えているのか　弱さからの戦略』筑摩書房、2018年、21-22）

これからの仕事や組織にとって「ザッソウ」が大事であることは理解できたと思います。とはいっても、ザッソウを職場に増やしていく方法がわからない……。第3部では、一体どのようにすればザッソウしやすい職場をつくることができるのか解説していきます。

1

「ザッソウ」できる職場へのプロセス

ザッソウあふれるチームになると、自然とザッソウが発生し、問題が未然に解決されたり、新しいアイデアが生まれてくるようになります。しかし、いきなりザッソウしようとしても、きっとうまくはいきません。

ダラダラと雑談ばかりして手を動かさない人が出てきたり、ザッソウしたいのに誰も話に乗ってくれなかったり、雑談のつもりで話をしたら説教されてしまったり……。

そこで本当のザッソウができるようになるために、「話の質」「関係性」「チーム」

の3つの観点から、ステップアップのプロセスをご紹介します。

ザッソウの質を変えていく4つの段階

本書では、雑談と相談を合わせてザッソウと呼んでいますが、ザッソウが良いからと本当に他愛もない雑談ばかりして仕事をしなくなってしまったら本末転倒です。**もちろん潤滑油としてのなんでもない雑談も大事ですが、そこから意図的に内容の質を上げていくことで、より良いザッソウを実現することができます。**

次ページの図は「他愛のない雑談」から「新しいアイデア」を生み出すザッソウまでのプロセスを4つに分類したものになります。この図はオットー・シャーマー氏の「U理論」を参考に私が作成した「ザッソウ　4つのプロセス」です。

この図には2つの軸を設定しました。横軸は「後ろ向き・過去」と「前向き・未来」で、縦軸は「混沌・カジュアル」と「秩序・フォーマル」です。

4象限の左側で話す内容は、過去に起きた出来事や、どちらかといえば後ろ向きな話題になります。右側で話す内容は、この先どうなるか、どうしていくかといった未来について話すような前向きな話題になります。

ザッソウ　4つのプロセス

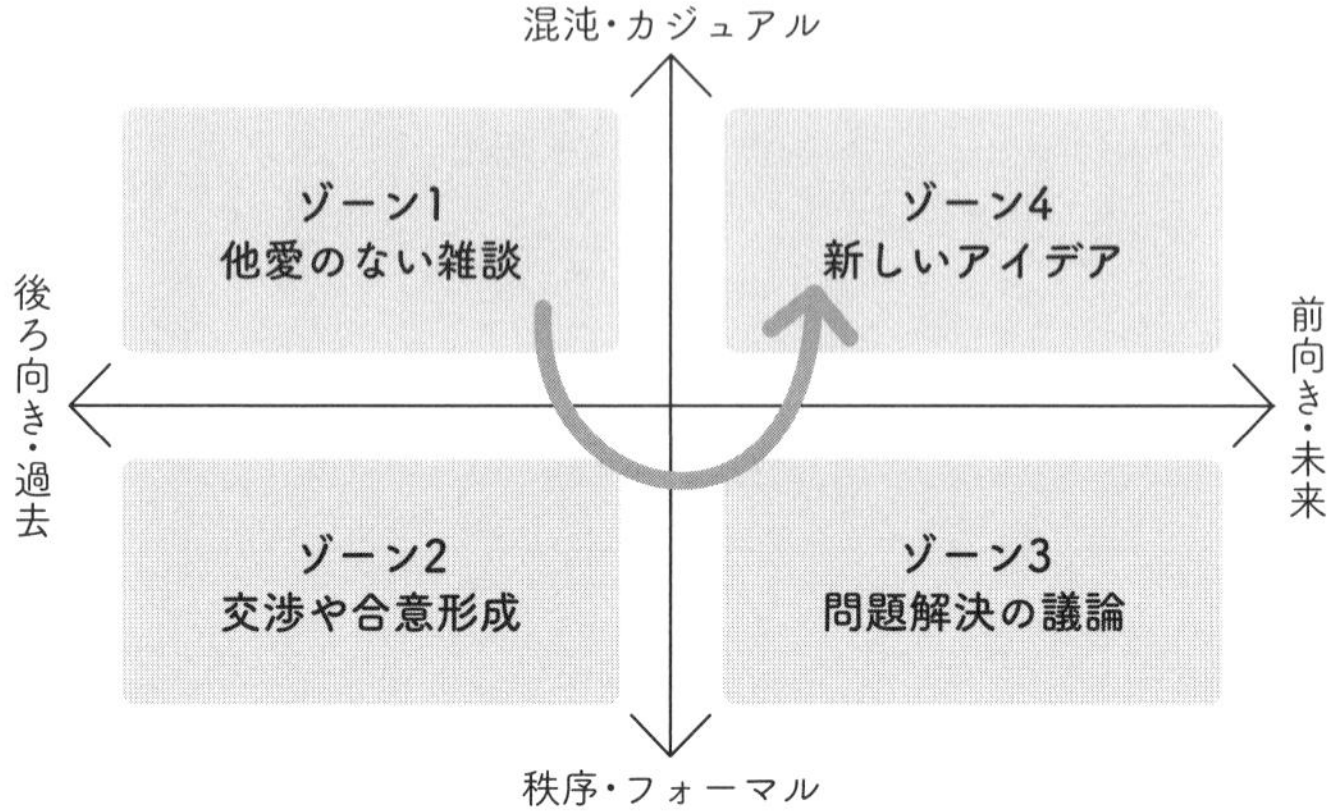

また、4象限の下側は、アジェンダやテーマをしっかりと決めたうえで話すため、フォーマルな場での対話となります。上側は、とりたてて筋道がなく、思いついたことを自由に発散的に話すカジュアルな対話です。

ゾーン1　他愛のない雑談

「雑談」と聞いて最初にイメージするものは左上の象限、ゾーン1です。これもザッソウではありますが、何かを生み出すようなものではありません。この段階でのザッソウは、あいさつからの最近の出来事の共有や、天気や気温の話といった、当たり障りのない受け答えになります。居酒屋での愚痴も同じレベルの内容といっていいでしょう。

ゾーン1では現状や過去の話が主になり、内容は秩序立ったものではなくて色々と移り変わります。**打ち合わせの最初に他愛のない話をすることで、まずはお互いに話し合える簡単な関係構築をするというのが、上手な活用法です。**これで警戒心を解き、心理的距離を縮めることができます。

ゾーン2　交渉や合意形成

次の段階は、ビジネスの場面でよく見かける合意形成のための対話です。ゾーン1の雑談と比べて、明確に目的を持って行うミーティングになります。それぞれが持っている意見をすり合わせ、着地させることがゴールになります。

ミーティングに参加する人たちは、それぞれに思惑や意図を持っています。参加前にある程度自分たちの結論を出して臨みますから、ミーティングは過去の事象をお互いに伝えるための場になります。

お客様へ商品のプレゼンテーションをする機会などは、このゾーン2にあたります。購入判断をしてもらうために、事前に準備をしたうえで臨みます。

ゾーン2では、しっかりとしたアジェンダとタイムテーブルがあり、ゴールに向けてお互いの意見を交わしていきます。それでも後ろ向きの軸に置いたのは、合意形成はWIN－LOSEの関係で終わってしまいがちだからです。ある意味で、どちらかの意見を通すことになるので、会話の内容は相手を納得させる形になることが多くなります。

そうはいってもこの合意形成の対話は、ビジネスを進めていくうえで非常に大事なプロセスです。**公式な会議だけでなく、ザッソウの中にも取り込んでいく価値はあります。**

たとえば、経営からの意思決定によって人事配置が変わることがありますが、それを伝えるのはこのゾーン2の内容になります。決定が覆ることはないけれど、上意下達で伝えるだけでは受け取る側のモチベーションが下がってしまいます。そこで、対話を重ねていくことによって納得して受け入れてもらうことができます。

ゾーン3　問題解決の議論

ゾーン3の問題解決の段階になると、視点を前に向けたものへと変わります。何か解決したい問題をテーマにし、関係者が集まって議論をします。**議論が始まった時点では答えがなく、対話と議論を通じて答えを導き出して問題解決をしていきます。**

たとえば、新商品のプロモーションをどうするのか、来期の事業戦略をどうしていくのか、新規事業のサービス名をどうするのか、新しい設備は導入すべきかどうか……そうしたテーマに対して参加者同士で議論を行って解決の道筋を探ります。未来に向けた内容がテーマとなるため、必然的に前向きな話になります。

そのため、専門家を集めた公式の会議として行うこともあれば、ブレーンストーミングのような形で行うこともあります。ときにはザッソウしながら解決を図ることもあります。

前向きに問題解決をするために必要なものは、共通の目的です。チームとして共通の目的があれば、問題を解決するためのアイデアが出しやすくなります。もし意見が違っていたとしても、目的のために真摯に意見をぶつけ合うことができます。

ゾーン4　新しいアイデア

ゾーン４の段階は、あらためて混沌・カジュアルの軸に戻ってきます。ここでは、チームとしての目的は共有されている前提ですが、アジェンダも落とし所もなく、解決したい問題すらない状態で対話を行います。

ゾーン4のザッソウで得られる成果は、解決したい問題を見つけることができたり、これまでの延長線上では思いつかない新しいアイデアが生まれたりすることです。

ゾーン2やゾーン3における話をする目的は、緊急かつ重要な話をすることです。それに対して**ゾーン4での目的は、緊急ではないけれど重要な話になります。**

ここで話をしたことが、数年先になって意味が生まれてくるようになります。しかし、すぐに結論や成果が出るわけではないので、一見すると雑談のようになってしまいます。

たとえば、ソニックガーデンでやっている経営会議はゾーン4のザッソウです。参加者は私を含めて経営陣の3名程度、開催時間は夕方や夜に行っています。

アジェンダなし・タイムリミットなしで、ただただ楽しみながら思いつくことを話して、アイデアを出し合っています。はたから見れば、飲み会をしているように思うかもしれません。実際アルコールが入るときもあります。

もちろん、単なる飲み会ではなく、経営会議なので会社のことを話しますが、そこから脱線することは大いにありますし、荒唐無稽なアイデアを話してみることもあります。むしろ、緊急じゃないけれど重要な話をするという合意が取れているからこそ、直近の現場レベルの話はあえてしないようにしています。

ゾーン1とゾーン4のザッソウは、外から見ると同じような雰囲気に見えます。それくらいの方が新しいアイデアが生み出せるのです。**大きな違いは、率直に意見が言い合える関係性ができているか、チームとして目的や目指す状態が共有できているか、という点です。**

たとえば、次の会話例を見てみると、各ゾーンの違いがわかると思います。

ゾーン1

自分「最近、暑くなってきたね〜」
相手「いや、本当ですよね。朝、出社するだけで汗だくですよ」
自分「しばらく暑さは続くみたいだよ」
相手「もう夏本番ですね」
自分「うちはもう、ベランダに子ども用のプールを出したよ」

相手「あー、楽しそうですね（笑）」

ゾーン2

自分「そういえば、こないだ出た人事発令の件なんだけどね」
相手「あ、はい。営業部に転属になるって話ですよね」
自分「そう、ちょっと驚いたかもしれないけどさ」
相手「ええ……」
自分「今回の異動は何も評価が悪くてってわけじゃなくてね」
相手「そうなんですか？」
自分「うちの会社のキャリアアップには、営業経験が必須なんだ」
相手「なるほど、そういうことなら納得しました」
自分「うん、頑張ってほしい」
相手「はい！」

ゾーン3

自分「ところで、今年の社員旅行はどうしようか」
相手「去年と同じ感じではダメですか？」
自分「そうだね、やっぱり楽しみにしてる社員たちも多いから」
相手「たしかに」
自分「しかも今年は、去年よりも大きく人数が増えたからね〜」
相手「そうなると、あまり移動の多い旅行形式はきつそうですね」
自分「そうなんだよ。もう貸切バスだって1台じゃ無理だし」
相手「せっかくなのに分散するのも、もったいないですしね」
自分「そこで何かアイデアはないかな、とザッソウしてるわけだ」
相手「たとえば、旅館かホテルを貸し切っちゃうのはどうでしょう？」
自分「ほうほう、おもしろそうだね。詳しく聞かせて」
相手「それはですね……」

ゾーン4

自分「最近の新人たちの様子はどうだい？」
相手「のびのび育ってますよ」
自分「それはいいね」
相手「ええ、やはり自主性を持ってもらいたくて」
自分「どんな風にやってるの？」
相手「朝会で1日の確認と、夕会でふりかえりですね」
自分「ふりかえりは大事だよな」
相手「そうなんですよ、そこで自分で考えてもらうことがないと」
自分「ふりかえりって、それだけでビジネスにできないかな」
相手「あ、それはおもしろいですね。単なる教育じゃないんですね」

コラボレーションが生まれる関係性をつくる鍵

率直に意見が言い合える関係性は、どうやって構築するのでしょうか。本音で意見が言い合える関係になっていない中でいくら雑談をしたとしても、表面的な会話に終始し、クリエイティブなアイデアなど出てこないでしょう。

人が集まるだけではチームになりません。人の集まりの中には、友人同士のように仲の良い関係、家族のようになんでも言い合える関係、プロフェッショナルとして専門性を発揮しつつ協力し合う関係……このように様々な関係性が隠れています。

そして、その関係性を7つのレベルに分けてステップアップしていけるように考えられたのが次ページの図「**チームワークの7つの段階**」です。

これは、組織風土の改革を支援している株式会社スコラ・コンサルトが提唱しているものです。組織風土の改革もトップダウンだけで実現するのではなく、組織の中で働く人たちの関係性や考え方から変えていく必要があるという、いわゆる「氷山モデル」の考え方に基づいたものです。

レベル1では、お互いの存在を認識しているだけの状態です。まだ会話はしていません。たとえばセミナーなどに参加して、隣の席に人がいると存在は認識していても気軽に話せるまでには至っていない状態です。むしろ存在を認識しているからこそ、

チームワークの7つの段階

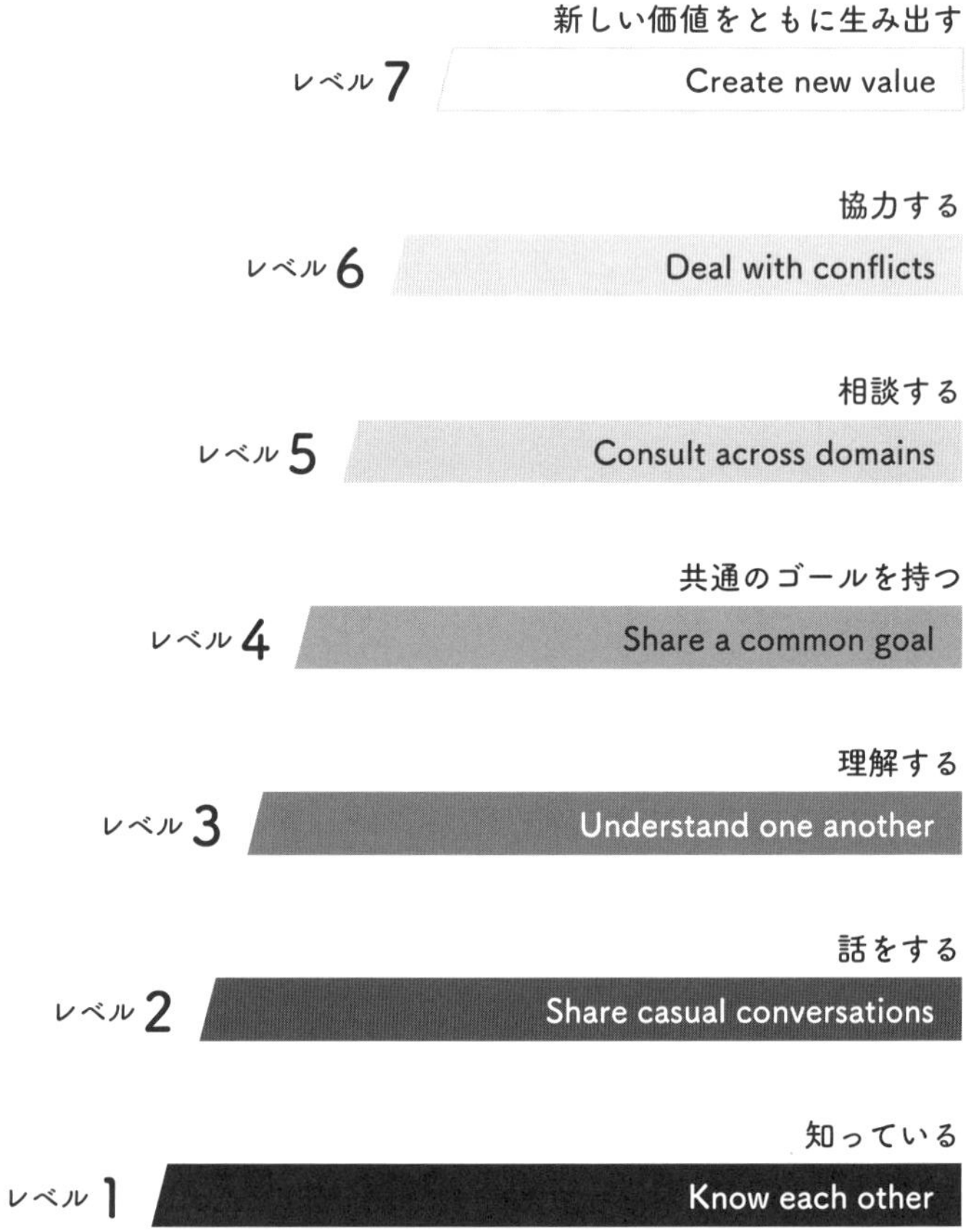

出所：WORK COLLABORATION REVIEW
（http://www.scholar.co.jp/workcollaboration/level/）

多少の緊張感があります。次のレベルにいくには自己紹介などのきっかけが必要です。

レベル2は、日常的な会話をしている関係です。しかし、あいさつをして他愛のない雑談をする程度で、それ以上お互いに踏み込むことはありません。同じ学校の同級生といったところでしょうか。

レベル3では、お互いの性格や考え方などを理解し合っている状態になります。それなりの時間を一緒に働いていればなんとなくわかってくるものではありますが、あえて自分の考えや意見を述べる機会がないとわからないままになってしまいます。

たとえばプロジェクトであれば、最初にキックオフミーティングを行った後に飲み会を開くことがありますが、これは一気にレベル3まで持っていこうという取り組みだと考えられます。しかし目的がそうならば、飲み会に抵抗のあるメンバーがいることも考慮すべきでしょう。

レベル3まで実現することで、一緒にいて居心地の良い状態をつくることができます。しかし、成果を出す、新しい価値を生み出すまでには至りません。

だからといってレベル3までの関係性に意味がないわけでは決してありません。ここからさらにレベルを上げていくためには、それまでのベーシックな関係性があることが前提になります。つい一足飛びに、コラボレーションが生まれるチームづくりを考えてしまいがちですが、**まずはレベル1～3の段階を経ていなければ砂上の楼閣になってしまいます。**

そして、次のレベル4・共通のゴールを持つことが、プロフェッショナルなチームになるための大きな境界線となります。レベル4はチームとしてのビジョンや目的、価値観や知識などを共有している状態です。そうなることで、これまで見ている先がバラバラだった集団が、同じ目線で同じ方向を向いて連携し合うチームになるのです。

レベル4を経てレベル5～7になると、初めて有益なザッソウを実現することができます。お互いの存在を認め合うことで相談したいと思うようになり、信頼されて相談されると真摯に知恵を出そうとするものです。それがレベル5の段階です。**「共通の目的の実現こそが最優先」と共有されているので、利害関係を越えて協力し合うこともいとわなくなりますし、表現に配慮しつつも遠慮なく意見をぶつけ合うこともできます。これこそが本当のチームワークです。**

それぞれがチームを自分事として捉え、目的達成のために成果に向き合っていくことで、お互いが「戦友」のような関係性になります。そうなると有意義なザッソウを通して新しい価値を生み出すコラボレーションもできるようになります。

ザッソウが70点のチームを100点以上に変える

これまで様々なチームを見てきましたが、ある程度はうまくいっているけど何か物足りない――そんなケースが結構あります。

何か大きな問題があるわけではなく、チームメンバーの関係性も良好、話し合いも頻繁に行われて一定の成果は出ている……。点数にすると70点〜80点の合格ラインは超えているものの、100点とはいかない状態です。

しかし、取り立てて大きな問題があるわけではないので、手を打つことも難しい。これは前述のチームの関係性でレベル5までは到達しているものの、その次の段階に進めていない状態でもあるのです。共通の目的は認識していて、お互いのことを認め合って相談もしているけれど、どこかで意見がぶつかることを恐れ、それで言いたいことを飲み込んでしまうといったことが起きてしまっているのです。

その状態を乗り越えるヒントになるのが、有名な「**タックマンモデル**」の考え方です。これは心理学者のブルース・タックマンが提唱した「チームがどうやって成長し

チームの成長　４つの段階

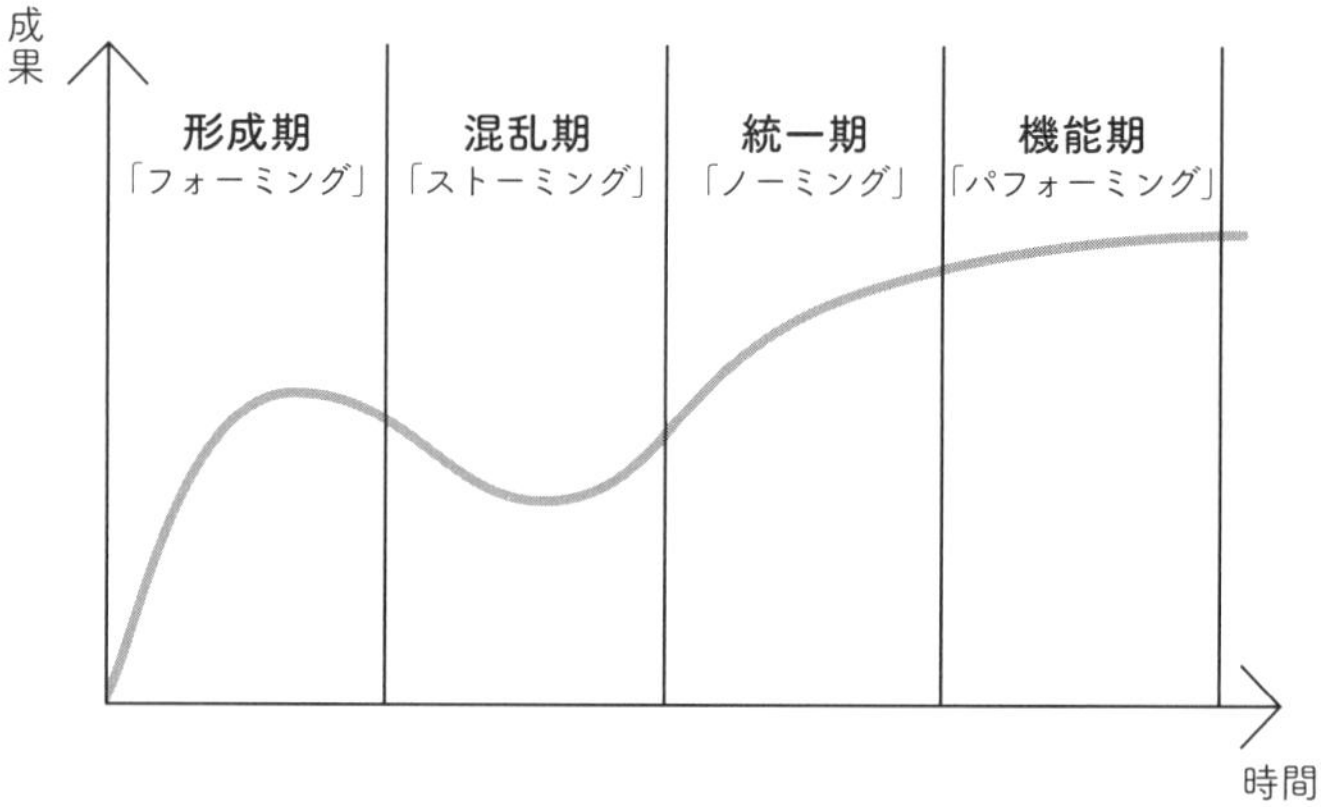

ていくのか」というチームビルディングの指標を段階的に抽象化したモデルです。

（１）フォーミングはコミュニケーションの量で超える

「フォーミング」の段階は、チームができたばかりの状態です。誰もが様子見をしていて、なるべく和を乱さないように空気を読んで大人しくしています。この段階でも、うまく関係づくりをしていくことで、徐々に成果が出るようになります。

しかし、それなりにうまくいったとしても70点どまりになってしまうのは、まだフォーミングの状態だからです。本音で意見をぶつけ合えないのは、どこかで自分事と思えず、意見を言っても仕方ないと諦めている部分があるからです。

何事も全員の合意形成で決めようとするのも、この段階の特徴です。それではスピード感もなく大きな成果を出すことはできません。

フォーミングでコミュニケーションの機会と量を増やしていくと、いずれ意見の対立が生まれます。そこでストーミングに突入します。ストーミングのストームは嵐のことで、すなわち荒れる時期になります。

フォーミングによって意見が言いやすい状態になったからこそ、各メンバーは自分の考えや理想の組織運営や体制ついて意見を言い出すようになります。このときゴールや成果に目を向けるよりも、チームの内部のことや他のメンバーの考えなどが気になるようになります。これを前向きに捉えるのがストーミングです。

（2）ストーミングは徹底的にすり合わせて超える

「ストーミング」に入ると、残念ながらフォーミングの状態よりも生産性は下がってしまいます。意見の対立が起きてしまうのだから仕方ありません。そこで「まぁまぁ」と仲介し、それぞれに納得してもらって元の生産性に戻そうとするのが、一般的な管理職やマネージャの仕事なのですが、それが70点のチームをつくってしまう原因なのです。

ここを乗り越えるポイントの1つが、このタックマンモデル自体をチームや関係者全員で共有することです。**ストーミングの段階を乗り越えることでチームが一皮むけて次の段階に進めると信じることができれば、生産性の低下も前向きに捉えることができるようになります。**

また、ストーミングの段階になってから、あらためてチームの目標や価値観の共有をするのもいいでしょう。フォーミングのときよりも、より深い議論をすることができるようになっているはずです。

私の経験では、この段階で合宿を行って、じっくり時間をかけて話し合うことをよくしています。普段の仕事の合間に時間を取っても、どうしてもタイムリミットを気にして言いたいことがあっても言わないようになってしまうからです。

チームとしての価値観や考えを共有してすり合わせる合宿を「ビジョン合宿」と呼んでいます。ビジョン合宿では1泊2日、その名の通りビジョンについて語り合います。普段の業務から離れ、意識を日常業務から切り離すために、場所もオフィス以外で実施します。この段階の合宿の準備と運営は、自治に任せるのではなく、マネージャがファシリテーションした方がいいでしょう。

（3）ノーミングは成功体験を重ねて超える

ストーミングを経ることで、お互いに言いたいことも言いつつ、信頼して任せる部分は任せるような関係に変わっていきます。自然と約束事ができていって「ノーミング」に入ります。

ノーミングの段階になると、それぞれの強みと弱みを認識し合ったうえで役割分担し、成果を上げることができるようになります。それこそ背中を預けることのできる戦友の状態です。

ノーミングに入ると、物事がうまく進むようになるため、何度か成功体験を得ることができるようになります。その成功体験は自分たちのやり方への自信につながります。

このような過程を経て「パフォーミング」の状態に入っていきます。あらためて高い目標のすり合わせが行われ、実態としてリーダーが誕生し、チームとしては成熟した状態となって、いわゆる「あうんの呼吸」で仕事に立ち向かって成果を上げることができるようになります。

さらにパフォーミングでは、ノーミングで得た成功体験から自分たちでやり方や規律も変えていける状態になります。ついに自律的に成長するチームとなるのです。

2

「ザッソウ」が生まれやすい環境のつくり方

ザッソウは雑談であり、相談でもあります。雑談をしているうちに相談にもなるし、相談の途中で雑談をしてアイデアが生まれることもあります。目的は、相談を気軽にできるようにすることです。

ザッソウ自体を、より気軽にできるようにするためには、オフィスなどの改善といったハード面の工夫と、社内制度や機会づくりといったソフト面の工夫の両方が必要です。

ザッソウのきっかけが生まれるオフィス環境

チームのメンバーが近くにいれば、自然と雑談をすることもありますが、何かしらきっかけがあった方が話しかけやすくなったりするものです。そこで、より自然に雑談が生まれるようオフィスを工夫してみましょう。

たとえば、オフィスに執務用の机が並んでいるだけの環境では、自然とザッソウが生まれるとは思えません。**壁で仕切られていない小さなミーティングスペースがあったり、立ち話ができる空間的なゆとりがあったりすればザッソウしやすくなるでしょう。**自動販売機の側にソファを置いてスペースを用意するのもいいですね。

グーグルなど先進的なＩＴ企業が、立派な社員食堂を用意したり、無料のランチを提供したりしているのは、そこに集まることで食事をしながら雑談や相談をするきっかけができることも狙いの１つです。グーグル日本法人のレストランには、食事が相席になるように、１人掛けのカウンターをつくっていないそうです。

ただ、そこまで職場環境を変えずにできる工夫もあります。私が大手企業で働いていてチームを任されるようになったときに行ったのは、席の配置を工夫することでした。

一般的なオフィスであれば、向き合った状態で机をかためて島をつくっているはずです。しかも、だいたいが島ごとにチームを配置していると思います。

しかし、それだと**向き合っているけれど、パソコンのモニターや机のあいだにあるパーティションに邪魔されて向かいの人の様子がまったく見えません。**何をしているのかわからないから、気軽に声をかけることが難しくなります。結局、本当に話しかけたいときにだけ、反対側に回り込んで横から声をかけることになるのです。

そこで、島ごとにチームを割り振るのではなく、机の島と島のあいだにある通路、つまり谷の部分でチームを割り振るようにしました。チームメンバーたちは普段背中合わせで仕事をすることになります。すると、声をかけようと思ったら振り返るだけで、相手が今何をしているかひと目でわかるので話しかけやすくなるのです。それに、そこで話が始まると、他のメンバーも入ってきやすいし、通路部分なので近くを通った人が話に入ってくることもありました。**チームを机と机の谷に配置したことで、その空間がチームの場として機能するようになったのです。**

チームを感じる席配置

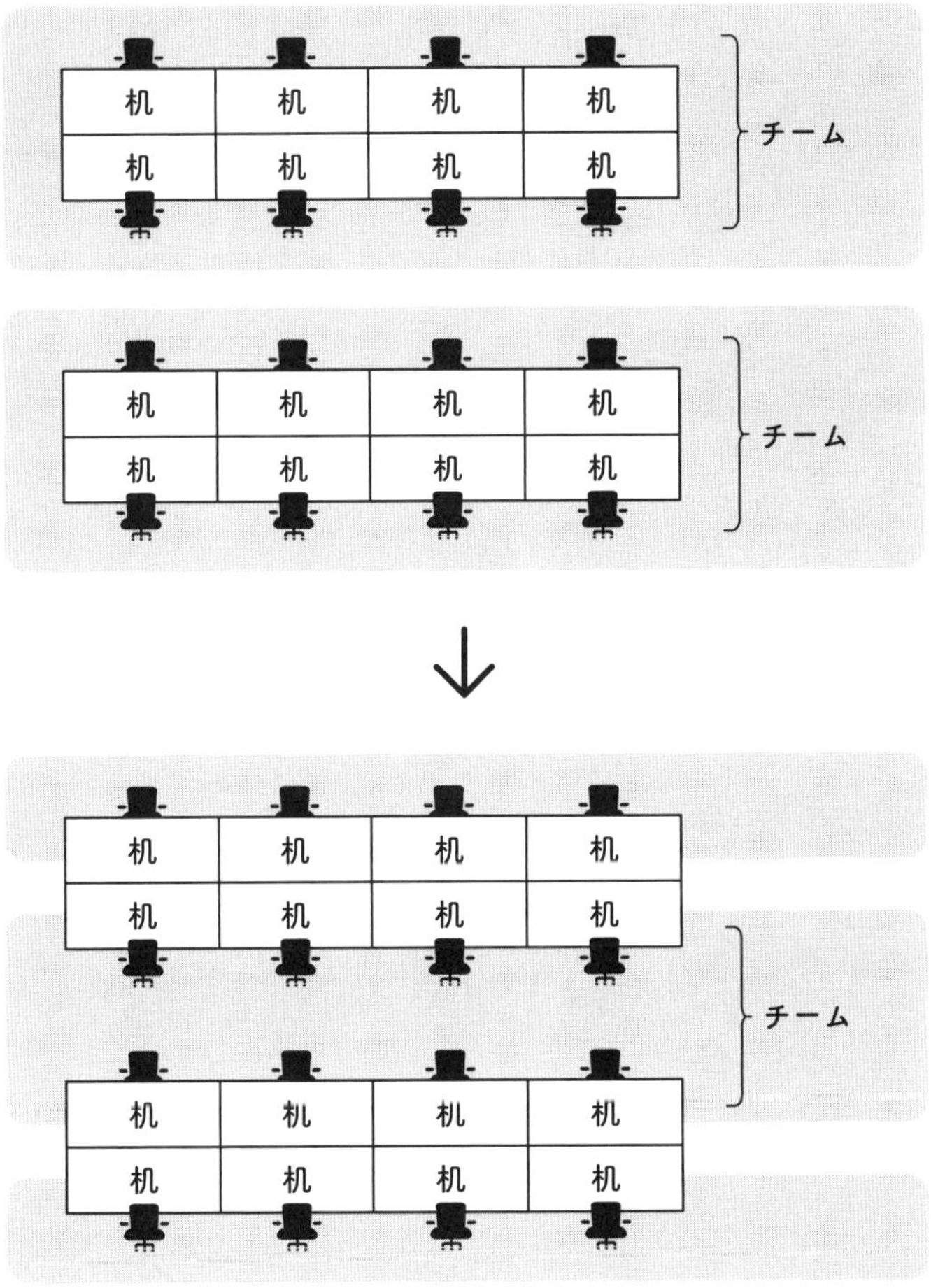

これは、自分たちの空間があるという感覚を持てるようにすることで、チームのザッソウが増えた例です。

他にも自然と人が集まるきっかけをつくる工夫として、お菓子ボックスを配置するというアイデアもあります。オフィスグリコのような仕組みでもいいですし、出張に行ってきた社員がお土産を置く場所として使ってもいいでしょう。小腹が空いたときに気軽に立ち寄れるようにしておくことで、そこで誰かとザッソウが生まれるきっかけになります。

自然に任せないザッソウの機会をつくる

オフィス環境を変えていくことで自然とザッソウが発生するのもいいですが、ザッソウの機会をあえてつくり出すこともできます。

以前であれば、飲みニケーションがそれに相当していたのかもしれませんが、今は飲み会だけに頼るような時代でもありません。かといって、「ザッソウしろ」という命令などありえない。だから、自然とザッソウするような機会づくりが大事になるのです。

（1）朝会・夕会

ソニックガーデンでは4～5人でチームを組んで仕事をしていますが、チームによっては「朝会」といって朝に集まってミーティングをしています。もしくは時間帯が夕方の「夕会」も同様です。

進捗状況の確認やその日の仕事、または困っていること、気づいたことなどの共有が目的です。週に一度の定例ミーティングを待っていると、「方向性が違っている」「問題にぶつかって進まなくなっている」といったことが長時間放置されてしまいます。なるべく小さな単位で確認していく方が、無駄がなくていいのです。

毎日少しずつ確認していくことが目的なので、朝会にあまり長い時間は必要ありません。だいたい15～20分程度としています。時間は前後しても構いませんが、長くなりすぎないようにするために、立ったまま行うチームもあります。いずれにせよ会議室に集まってするようなものではありません。

昨日の進捗報告と、当日に取り組む仕事を1人ずつ話していく形式ですが、気をつけないと朝会を開催することがノルマであるかのように惰性でやってしまいかねません。実際のところ、個々人が担当する仕事の詳細までは共有されなくてもいいし、お互いの進捗状況などはツールを使って共有しておけば、そこまで口頭で伝えることなどなくなります。

ですから、**形式的に進捗確認していくよりも、朝会をザッソウの場にしてしまった方がうまくいくこともあります。**雑談をしながらお互いの仕事や、仕事をしている中での気づきを話していくことで、困っていることが解消したり、助け合いのきっかけができたりするのです。

そして何よりザッソウとすることで気負いがなくなり、むしろ楽しみになることで、その気持ちが朝会や夕会を続けていくモチベーションになります。

（2）雑談をする朝礼

「よなよなエール」をはじめとするクラフトビールを製造販売する株式会社ヤッホーブルーイングでも、雑談の時間を大事にしているそうです。

今では、クラフトビール市場のトップメーカーとなったヤッホーブルーイングですが、それを実現させたのは社長の井手直行さんがリードし、実施してきたチームビルディングの活動です。

中でもユニークだと私が感じたのは、**1日の仕事を始める前に20分ほど社員同士の雑談の時間を設けていて、その後10分かけて社内の清掃をする**という点です。

社員全員の就業時間30分となるとそれなりのコストになりますが、この時間があることでお互いを認め合い、心理的安全性も高めることができるのです。

このように雑談の時間を取り、コミュニケーションの量を増やしていくと、チーム内の関係性を築いていくことができます。そして、**話をしやすい心理的安全性が高い状態で仕事に取り組むことで、気軽な相談やアイデアの出し合いも起きるようになる**のです。

こうした雑談の時間は、多くの企業やチームで取り入れられ始めています。

クラウドを活用したシステム開発を行うＩＴ企業であるクリエーションライン株式会社もその1つです。ヤッホーブルーイングの活動を参考に、社長の安田忠弘さんは率先してチームビルディングのワークショップを行っており、その中でも好評なのが「雑談ワークショップ」です。3～4名でグループをつくり、30分間、仕事から離れた自由なテーマで雑談し合うというものです。

雑談を交わす機会を増やしていったことで、コミュニケーションの量が増え、自然とチームに対して前向きに取り組む社員が増えていったという効果が出ています。また、社員が増えていく中でも気軽にコミュニケーションを取れる関係をつくっていくことで、カルチャーの維持に役立っています。

（3）マネージャお茶会と社食

「北欧、暮らしの道具店」を運営する株式会社クラシコムが取り組んでいるのは、「マネージャお茶会」と「社食」です。

「マネージャお茶会」と呼ばれるミーティングは週に一度の頻度で開催されていて、ユーザサポートをするチームのマネージャ、商品企画をするチームのマネージャ、記事を作成するチームのマネージャ、システム開発するエンジニアチームのマネージャなど、それぞれのチームのマネージャが集まります。社長も参加者の1人です。

マネージャが集まるとなると、通常なら事業に関する進捗や社内で起きている問題の報告、問題解決の議論をする会議になると思ってしまいそうです。しかし、「お茶会」という名がつくように、この場では決まったアジェンダもなく、気軽な雑談や相談の機会になっています。マネージャが集まって楽しくおしゃべりする時間なのです。

役割の違ったチームではあるけれど、**同じマネージャの立場にある人たちが集まることで、雑談ではあるけれど相談もでき、それぞれが自分事として解決しないといけないことも、お互いに話をすることで少し勇気がもらえる**……そんな会になっています。

「社食（社員食堂）」という取り組みは、食堂を用意しているといった設備の話ではありません。週に一度、会社にあるキッチンで料理研究家のつくる手料理を、社員みんなで一緒に食べる取り組みのことです。

社食の時間になると社内のチャットツールに案内が流れます。すると社内にいる人たちがぞろぞろと集まってきて、食事をよそったり、テーブルをきれいにしたりと、チームも上司部下も関係なく席について食事をします。食事するメンバーは固定化せず、いつも違っています。

同じ席についた人と食事をしていると自然と話をすることになりますし、仕事の話よりも他愛のない雑談が主になります。そうして所属チーム以外の人となんでもない話をすることで、社内にいる人の存在を認識できるし、安心することもできます。

このようなザッソウの機会がさりげなく用意されていることで、社内の人間関係が構築され、仕事のうえでもスムーズなザッソウをすることができるのでしょう。

（4）勉強会と読書会

クラシコムのエンジニアチームで始めた「ヒュッゲ」と呼ばれる月に一度の勉強会もあります。業務が終わった後に、オフィスに残ってお酒やおつまみを持ち寄り、それぞれ興味があることをテーマにして発表し合いながら、おしゃべりをするのです。

普段の仕事では扱わない技術を紹介し合う、仕事を通じて学んだことをまとめる、会社の取り組みに対する提案をする……と内容は多岐にわたり、お酒を飲みながら気軽な雰囲気の中で、仕事や会社を良くしていくための雑談をするのです。

それとは別に読書会も実施しています。技術書やビジネス書など1冊の本を決め、4〜5人で週に一度、もしくは隔週のタイミングで行います。それぞれ事前に読んでくるページが割り振られていて、当日はその内容について感想を言い合います。もちろん一度では終わらないので何回か続きます。

読書会の目的の1つは、読みたい本や理解したいけれど難しいような本をチームの仲間と読むことで、より理解を深めることです。しかし、それよりも実施してわかったことは、とても良いザッソウの機会になるということでした。

読書会のメンバーはチームの枠を越えて募集するので、普段は一緒に働くことのない人たちと組むことになります。**共通の話題がないと本来は盛り上がりにくい関係ですが、同じ本を読むことでザッソウしやすくなるのです。**

また、読書会はベテランとルーキーが一緒に行うことになります。すると、ただ本に書いてあることを理解するだけでなく、ベテランが自分の経験に照らし合わせて紹介してくれることで説得力のある学びの機会になります。飲み屋で聞かされる武勇伝よりも何倍も価値がある内容になるのです。

ITツールを使ってザッソウする環境

雑談と相談は、必ずしも物理的に会わないとできないわけではありません。今はど

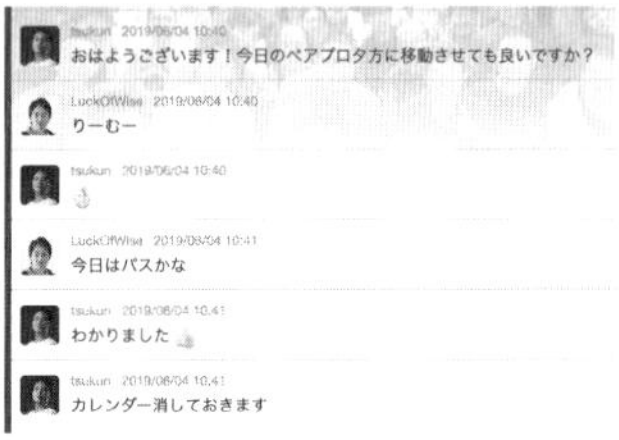

の企業やチームでも、グループウェアやチャットツールを導入しているので、そうしたITツールを使ったザッソウを推進していくのもいいでしょう。

　とりわけ**ザッソウとチャットツールの相性は良い**です。「チャット」という単語はそもそもおしゃべりや雑談といった意味でもあり、手紙を参考にしてつくられたメールとは違い、リアルタイムで反応し合える点で雑談や相談がしやすいのです。

　また、テキストだけのコミュニケーションではどうしても冷たい印象になるため、以前であれば顔文字をうまく使うことなどがノウハウとしてありました。ただ、今では多くのツールでスタンプや絵文字を標準で使うことができるようになっていて、感情をスムーズに表現できるようにもなっています。

ツールを使って雑談するときの注意点は1つ。雑談専用のツールを用意する、雑談専用の場所を用意するのはやめた方がいい、ということです。

「仕事の話はこちら」「雑談の話はこちら」と分けてしまうと、雑談がまったく盛り上がらなくなってしまいます。というのも、一体誰が雑談専用の場所に気軽に書き込みをする勇気があるでしょうか。そこに書き込んでいる時点で、明らかに仕事をしていないということになります。

また、雑談をするためのツールがあって、わざわざチェックしないとその様子が見られないとしたら、見に行く人などほとんどいないでしょう。**雑談をするにしても、普段仕事で使っているツールで自然と目につくようにしておかないと、盛り上がることはないのです。**

雑談と相談の場所を分けてしまうことで起きる問題は、同じ場所で雑談も相談もできるようにすれば解決します。これは、雑談と相談を明示的に分けない方が良いというザッソウのコンセプトと同じです。

雑談をしているうちに仕事の相談もするし、相談する中で雑談をすることもあって話が弾むのと同じで、雑談用と仕事用でツールや書き込む場所を分けずにいた方が、コミュニケーションの量を増やすことができます。

リモートワークの場合、チャットツールではザッソウできない

チャットツールを活用したザッソウができるのなら、リモートワークでもうまくいきそうな気がします。ですが、そう簡単な話ではありません。

私たちソニックガーデンは、社員の半数以上が地方に住んでいて、全社員がリモートワークをしている会社です。全社員がどこでも働くことができるようになったことで、２０１６年にはそれまで渋谷に借りていた本社オフィスもなくしてしまいました。今では、本社オフィスのない会社です。

それでも個人商店の集まりのような感じではなく、チームワークを大事にしています。離れた場所にいても「髪切った？」なんて、他愛のない雑談を普段からしているし、困ったことや話したいことがあれば「ちょっといい？」と言って、気軽に相談し

合っています。オフィスに集まって働いているときと変わらない、むしろ以前よりザッソウの量は多くなったように感じています。

ただ、今でこそ全社員がリモートワークでもザッソウし合えるようになりましたが、以前使っていた一般的なチャットツールにはいくつか困った点がありました。

1つめとして、**すぐに返事をもらいたい「ちょっといい？」といった話しかけが気軽にできないことが難点**でした。チャットなのだから声をかければ――そう思っても、話しかけたい相手がオンラインかどうかわからないのです。もしみんなの見ている場所で声をかけて反応がなかったら寂しいですし、そんな状況を想像すると書き込むことを躊躇してしまいます。

一般的なチャットツールは、相手がいないとしてもメッセージを書き込んでおけば伝え合えるという前提で設計されています。「ちょっといい？」というようなリアルタイムの声がけは想定されていないように感じます。

その一方で、チャットツールだと伝えたい内容が流れていってしまう、複数の話題を同時に扱うことが難しく設計されているということが2つめの難点です。

スレッド化して返信もできるツールもありますが、チャットである限り流れていってしまって返事を忘れてしまう不安は避けられません。流れていくチャットと、議論を深めるスレッドを同じ場所に置くデザインになっていれば、さらに混乱を招きます。

3つめは、**参加する人数が増えてくると、気軽に書き込みがしにくくなってしまうことです。**たとえば、朝のあいさつなど少人数でならできていたことが、20人も30人もいる場所で書き込むとなるとためらってしまいます。

それは「自分の書き込みが、参加している全員の未読として残るのは迷惑ではないか」と考えてしまうからです。実際のところ、30人の参加者がいて全員があいさつをしたら、それだけで朝から30件の未読が増えてしまうことになり、さすがにそれは邪魔になります。

それを解決するために、「分報」という運用テクニックを使っているところもあります。分報は個人ごとのチャネルをつくってオープンにしておくことで、気軽に独り言や進捗などを書き込むことができる方法です。しかし、1人ずつチャネルをつくるのは手間ですし、参加しなければ見に行くのが面倒で見なくなるし、参加すれば未読が増えすぎてしまうことになってしまいます。

こうした従来のチャットツールは、リモートワークでのザッソウをうまく実現できるものではなかったのです。

リモートワークのザッソウを実現する仮想オフィス

チャットツールはあくまで連絡手段として設計されていて、より効率的に伝えることにフォーカスしています。しかし、**全員がずっとリモートワークをしている私たちにとって必要なのは、集まることのできる「場」だった**のです。

情報を伝達するチャットやテレビ会議が「点」のコミュニケーションだとすると、雑談するために必要なのは「線」のコミュニケーションです。**一緒の空間に同時に存在していて、いつ話しかけてもいいし、話しかけなくてもいい**――そんな、同じ場にいる感覚を共有することができるとザッソウしやすくなるのです。

オフィスに通っていたら自然発生的にザッソウが生まれていたのは、同じ時間と空間を共有していたからです。それが場です。同じ場にいると、同僚たちの顔が自然に目に入るので、話しかけるタイミングを見計らうことができます。また、周りで雑談している様子がわかるので、自分も雑談に加わることができますし、気軽に雑談を始めることもできるのです。

そうした場を共有するオフィスの良さや機能だけを、ソフトウェアで実現したのが「仮想オフィス」です。仮想オフィスには、インターネットを通じてアクセスすることができます。私たちは自分たちで開発したRemottyというアプリを使っています。

朝、自宅のパソコンからログインするだけで出社することのできる仮想オフィスに、毎日メンバーたちは出社して働いています。通勤はないけれど出社はあるわけです。私たちは、この仮想オフィスで時間と空間を共有しています。

朝はみんな「おはよう」と言って入ってくるし、夜になると「お疲れ様」と言って去っていくので、そうしたあいさつからザッソウが生まれることもあります。まるでオフィスにいるときと同じ感覚です。

あえてたとえるならば、オンラインゲームでネット上に集まって遊びに行くことと似ています。離れた場所にいる人たちが、一緒にゲームで遊ぶためにサーバ（場所）と時間を決めてログインして集まるのと同じように、私たちは一緒に仕事をするために仮想オフィスにログインするのです。

ザッソウをしやすくしている仮想オフィスの特徴は3点あります。

1つめは、仕事中の様子をカメラで映し、お互いに共有していることです（画面上）。こうすることで、わざわざ在席しているか確認しなくても、仲間たちが働いている様子が自然と目に入ってくるので声をかけやすくなります。

2つめの特徴は、それぞれが仕事で気になったことや独り言、朝のあいさつやランチに行くかどうかなどを、気軽に書き込める自分専用のチャットを用意していることです（画面中央）。1人ずつ用意しているのは、オフィスでいえば自分の席があることと似ていて、話しかけたい人の場所に行って書き込むことでザッソウをすることもできます。

また、リアルタイムに声をかけられない場合や、仕事を進めるうえでの込み入った話や議論を進めたい場合は、非同期にやりとりできるグループ機能があります（前ページの画面左）。プロジェクトや部署といったグループ単位で書き込めて、コメントがつくと未読状態で管理されるので、チャットのように見逃すことはありません。

3つめの特徴は、**社内で起きている会話をすべて時系列で眺めることができるようにしていること**です（前ページの画面右）。この右の部分は、前述の個々人のチャットや、非同期でやりとりしている議論の様子などを全部ひとまとめにして流すようにしています。

そのためわざわざ見に行かなくても、社内で起きている独り言や会話も、なんとなく自然と把握することができるようになります。目に入ってくれば他の雑談にも入りやすくなります。

ただ、全部の会話を流しているので相当な量になります。ですから、すべて見ることは諦める前提で用意しています。その点はTwitterのタイムラインに似ています。

これは、**実際のオフィスで働いていると聞こえてくる社内の雑音のようなもので**

す。雑音がない方が集中はできるかもしれませんが、コミュニケーションの量を増やしていくには雑音が聞こえてくるくらいがちょうどいいのです。仮想オフィスには雑音を見える化した機能があるのです。

仮想オフィスによって私たちは、働いている場所がバラバラなのに、むしろオフィスにいるより雑談をして、ワイワイとコミュニケーションを楽しみながら働くことができています。私たちの体験からわかったのは、リアルやバーチャルに関係なく、時間と空間のそろう場があることで、ザッソウは生み出されるということでした。

3

「ザッソウ」しやすい心理的安全性の高め方

どれだけ居心地の良いオフィスをつくり、機会や制度の整備をしてもザッソウが生まれてこないのだとしたら、それはチーム内の心理的安全性が低いからかもしれません。

第1部で取り上げた心理的安全性ですが、ザッソウが多くなればなるほど高まる一

心理的安全性を高める9つの観点

チームの目標がはっきりしている	適度に対話しやすい人数である	強みを知り、認め合っている
強みだけでなく、弱みも見せる	プライベートなことも共有している	情報がオープンになっている
判断基準と価値観が共有されている	リアクションの意識がそろっている	「肯定ファースト」と「NOと言うこと」

方で、心理的安全性が高くないとザッソウが生まれないというニワトリとタマゴの関係になっています。うまく回ると相乗効果が生まれますが、一体どう始めたらいいのでしょうか。

心理的安全性を高めるために、私たちが取り組んできたことを9つの観点にまとめてみました。

以降、それぞれの観点について深掘りしていきます。

チームの目標がはっきりしている

心理的安全性が高い状態は、チームの誰もがただ優しいというだけの関係ではありません。「ここまで言っても大丈夫」という安心感を持って発言できる環境のことです。では、なぜ踏み込んで発言できるのでしょうか。それは、**チームの目標や目的がはっきりと共有されているからです。**

本当に強いチームは、ザッソウの中でも配慮はしても、遠慮はしないで発言をしています。率直に意見をぶつけ合える「ストーミング」を乗り越えた状態こそが、目指すべき心理的安全性の高さなのです。

このときの目標や目的は、「成果を出すこと」「価値を生み出すこと」のような簡単な言葉で共有しない方がいいでしょう。その実態は人によってイメージが違うからです。

たとえば、甲子園で優勝を目指しているのか、ベスト8でいいのか、それとも出場することを目指しているのか……もしメンバーによって認識が違うとしたら、チームとしてまとまっているとはいえません。優勝を目指している選手と出場だけでいいと考えている選手のあいだには、率直に意見を言い合う心理的安全性の高さはないでしょう。

チームの目標や目的、さらにいえばビジョンのようなものが共有されているのは「状態」なので、一度でも共有すれば終わり、というわけにはいきません。その状態を維持していくために、ある程度のコストをかけていく必要があります。

たとえば、私たちの会社では前述のビジョン合宿を定期的に開催し、「すり合わせ」という1on1の形式で経営陣と社員が話をする時間を取っています。そこでは、チームのビジョンと個人のビジョンの、その名の通りすり合わせを行います。考えや目指す方向が最初から完全に一致していることはありません。お互いの距離や違いを知って、一緒になって全力で進むことのできる状態になるために、歩み寄る必要があるのです。

すり合わせでは、お互いに決まったことを主張し合い、どちらかを納得させるような合意形成をするわけではありません。どちらかといえば、「これからのことを一緒に取り組むにはどうすればいいか」という問題解決のザッソウであり、アイデアを出し合い、新しい可能性を見つけるためのザッソウになります。

適度に対話しやすい人数である

チームの人数とザッソウのしやすさには相関関係があります。チームの人数が10人未満のうちは、とりたてて何の仕組みを入れなくてもザッソウしやすいはずです。それが10人以上になってくると、途端に難しくなってしまいます。

実際、私たちの会社でも10人まではザッソウがぼうぼうと生えていましたが、20人になる頃にはザッソウのない静かな職場になってしまっていました。全員が1つのチームで横並びのフラットな組織だったこともあり、誰に声をかけていいのかわからなくなってしまったのです。それに、「あえて仲良しをつくらない方がいいのではないか」と、牽制し合っているような心理状態にも陥っていました。

そこでチーム制を導入しました。役割や責任で分割した部署ではなく、3～4人でチームを組み、普段のザッソウはチームメンバーを中心にするようにしたのです。いってみれば、小学校のクラスでつくる「班」みたいなものです。

そうしたことで、ザッソウする相手を誰にするか考える必要がなくなり、話しかけやすくなって、また活気が戻ってきました。さらにチームごとに活気が出てくると、それが全体に波及するようになって、結果としてチーム以外の人ともザッソウをするようになったのです。

これはフラットな組織ならではの課題だと思うかもしれませんが、ヒエラルキーがあろうと、どのようなチームやプロジェクトであっても、**3～4人くらいでザッソウしやすい関係性をつくっておくことが心理的安全性の高さを生み出します。**なにも社員や関係者全員でザッソウができていなくても嘆く必要はないわけです。

アマゾンのCEOであるジェフ・ベゾスは、会議を開くときやチームをつくるときには「2枚のピザ」というルールにしていると聞いたことがあります。ピザ2枚を分け合えるくらいの人数が最適というわけです。アメリカ人が1人でどれくらい食べるのか知りませんが、さほど大人数ではないでしょう。

小さなザッソウが生まれれば、そこから全体に波及していく――まるで本当の雑草のようですね。

強みを知り、認め合っている

心理的安全性が高いとチーム内で助け合いが起こるのですが、そのためにはお互いの強みを知っている必要があります。

チームとして成立するには、ただ一方的に助けるのではいけません。それぞれの得意分野や本領を発揮する場所があって、その分野に関しては任せるしかない何かがある人同士だからうまくいくのです。すべてにおいて自分の強みに勝る人がいる状態では、助けてもらうばかりでチームのメンバーとして居場所がないと感じてしまいます。

私たちの会社では、メンバーになる人にチーム内でこれだけは負けないスキルなり特徴なりを見つけてほしいと言っています。それは技術的なスキルでも構いませんし、ビジネスシーンで使える人脈や戦略性でも、素晴しい人間性でも構いません。

大事なことは、仮にそれが1つしかなくても、その点において他の人はリスペクトするしかない何かがあることとです。**人は、何かリスペクトする部分を見つけた人のことを認めたくなるものです。**そうなって初めてチームに依存している状態から、貢献できる自分の居場所ができるのです。

これは技術やビジネスをするうえでの強みですが、その人のパーソナリティも強みとして考えることができます。たとえば、分析して考えることは苦手だけど、非常に粘り強く物事に取り組む強みがある、慎重すぎるけれど、戦略を立てて進めることが上手……といったことです。

強みを見つけるために、「ストレングスファインダー」を活用してもいいでしょう。アメリカのギャラップ社によって発明され、日本でも多くの企業で導入されている有名な強みの診断方法です。書籍についた識別コードを使えば、ウェブサイト上でいくつかの質問に答えるだけで、自分の強みを知ることができるようになっています。

チーム内のメンバー同士でストレングスファインダーを行い、共有すると、お互いの個性をより深く理解し合うことができます。強みについて話し合うことで関係性を強化することもできます。

また、ストレングスファインダーを行ううえで大事なことは、「強み」とは本人が努力しなくても発揮できる素養であると認識することです。もし上司が自身の強みを理解しないでいると、周りにも自分と同じ強みを強要することになりかねません。そうなると、同じ強みを持っていない人を無意識のうちに苦しめることになってしまうのです。

たとえば、私は「最上志向」が強みの1位でした。より高みを目指そうという気持ちが強く、そのために努力は惜しまないのですが、そうでない人にまで最上志向を求めすぎてしまうと、それを受けて辛い気持ちになってしまう人がいるかもしれないのです。

自己認識だけでなく、うまく自分の強みを制御するためにも、ストレングスファインダーを試してみるのもいいでしょう。

強みだけでなく、弱みも見せる

グーグルが心理的安全性を見出した「プロジェクト・アリストテレス」には後日談があります。チームのリーダーたちに結果レポートを共有したうえで、心理的安全性を高める施策に取り組むよう促したそうです。

そのうち生産性の低さに悩む1人のリーダーが、自分のチームのメンバーを集め、自分自身が転移性のがんにおかされていることを告白したのです。それまで強いと信じて疑わなかったリーダーの弱い一面を知ることになって、メンバーたちはそれぞれプライベートなことを話し始めて、そこから話は自分たちの生産性を改善するための議論になったそうです。

リーダーは強くあらねばならないといった思い込みや、仕事をするうえで弱みを見せては評価が下がるといった恐れを抱いてしまうものですが、それでは率直に思ったことを言うのは難しいでしょう。

強さも弱さも共有してしまうことで、本当の自分と仕事用の自分といった使い分けがなくなっていきます。そして、それができていくことで心理的安全性が高まっていきます。そのためにも、**リーダーが率先して弱みを見せることがとても大切なのです。**

強いリーダー、もしくは強そうに見せているリーダーの前では、弱いところを見せるなんて怖くてできません。強くあることが良い評価につながると感じてしまうからです。リーダー自身が自らと向き合って弱い部分もあると認め、それをメンバーにも見せていくことで、メンバーも弱さを見せることができるようになります。

とはいえ、リーダーが弱さやネガティブなことをフォーマルな場所で見せると悪影響を及ぼす恐れがあるのもわかりますし、個人的にさらけ出しにくいのもわかります。そういうときこそザッソウです。ザッソウの中であれば、ネガティブな発言があっても流せるし、少人数なら安心感も高まります。

実際、私自身がザッソウでネガティブなことも言って気づいたのは、リーダーや上司が弱音を吐いても、それで周りが暗くなったりはしないということです。むしろ励まされたり、意見をもらったり、話しているうちに前向きな気持ちになるといったことが起きました。

仕事をしている自分とプライベートの自分を一緒にしてしまうと、自分を偽らず、無理せずにいられるので、ストレスなく仕事に向き合うことができます。**自分の弱みを隠さないでいられれば、困ったときに気軽にザッソウできるようになるので成果も上げることができます。**

チームの利点は、仲間が集まることで、1人では実現できない挑戦ができることです。一方、弱ったときに助け合うことで、1人で潰れてしまわないようにするという利点もあります。そもそも、助け合うためには、弱みを見せることは悪いことではないのです。

プライベートなことも共有している

いつも真面目でとっつきにくいと思っていた上司が、実は子煩悩な父親だと知る。陰気で話しかけにくいと思っていた先輩が、実はアウトドアが趣味でアクティブな人だと知る。たったそれだけで、なんとなく安心できることってありませんか？

そもそも人間は多面的なものですが、関係性が薄いとその人の一面しか見えていないことが多いのです。

そうした**多面的な部分が見えるようになると心理的安全性は高まります。**これもニワトリとタマゴの問題で、専門的には「因果性のジレンマ」というのですが、それが起こるのです。ですから、リーダーやマネージャといった立場の強い人から自分のプライベートを発信していくことが重要です。

プライベートを発信することに抵抗感があったとしても、もしあなたがマネージャで、自分の責務を果たすために心理的安全性を高めることが重要であると理解しているなら、仕事のうちだと割り切って自己開示に取り組みましょう。そして、率先してプライベートを見せたら、後に続く人たちが出てきやすいように仕組みを整えておくのも大事です。

私たちの会社では、日報ではなく「日記」という仕組みを取り入れて、プライベートなことや考えていることなどを書き込んでいます。仕事について書く日報ではありませんから、あえて日記と表現しています。

日記なので身近な出来事や家族のことなど、少し長めの内容を書き込みます。それによって、**お互いの多面的な部分を知って心理的安全性が高まると同時に、そこでの**

内容をネタにしてザッソウもしやすくなります。

また、昔の日本企業でよく行われていた運動会や社員旅行などは、図らずとも社内にいる人のプライベートな部分や多面的な部分を知る良い機会だったのかもしれません。

私たちの会社でも、創業当時から社員の家族をオフィスに招待してパーティーやイベントを行っています。他にも、在宅勤務が増えて全社員リモートワークになった今でも、年に一度は全社員と社員の家族が集まってイベントをする機会を用意しています。

情報がオープンになっている

プライベートに限らず、メンバーの活動や仕事上の会話、チームやプロジェクトの状況など、様々な情報がオープンに共有されていることも心理的安全性を高めます。

人間の脳は、自分の知らないことやわからないことに対して、ネガティブな想像で補完してしまう傾向にあるそうです。これは未知なるものには危険が潜んでいるから対策しようとする動物的本能に起因したリスクマネジメントなので、自分でコントロールしようと思っても難しいものです。

「会ったこともない人と面談しないといけない」「顔も見たことのない人と会って話をしないといけない」「知らない人がたくさんいるパーティーに行かないといけない」……そんなときに「嫌な人なんじゃないか」「悪い人たちがいないか」と考えてしまうのは、その人たちのことを詳しく知らないからです。案外、会ってみたら大丈夫だったなんてことが多いものです。

では、未知のものに対してネガティブに振る舞ってしまうのであれば、**チーム内にある未知の状態をできるだけ減らすための対策を講じればいい**のです。

同じチームにいる時点で、少なくとも契約上の秘密保持が担保されていて、ある程度の信頼関係が築けているなら、チーム内で秘匿にしておく情報はさほどないはずです。

そんな状況において、情報を隠されることで心理的安全性を阻害するものはなんでしょうか。まず挙げられるのは、リーダーや上司たちの会話であり、そこで検討されている内容です。会議室で何か会話が行われていると、会議に参加していない人にとっては何を話しているのかわからず、不信感が募るものです。

そこで私が取り組んでいるのは、経営者の立場で考えていることをオープンにして、それを音声で伝えるという工夫です。なぜなら、文字にしてしまうと印象が硬くなり、まるで決定事項のように思えてしまうからです。

ただし人数が多くなってきた場合、それを1人ずつ口頭で伝えていてはキリがありません。そこで、私の考えを音声で録音したうえで、みんなのスマホに配信する仕組みを導入しました。そうすることで文字の硬さはなく、けれど自分の言葉で広くフェアに、感情も乗せて伝えられるようになりました。この仕組みを私たちは「社長ラジオ」と呼んでいます。

音声で考えていることを発信する仕組みの素晴しいところは、どれだけ人数が増えたとしても、配信する側の手間が一定で済むことです。

判断基準と価値観が共有されている

心理的安全性を高く保つためには、**一緒に働いている人たちや上司、マネージャが**

何か判断するときの基準を知っていることが重要です。簡単なところでいえば、どんなポイントで怒るのかを知っているといったことです。

たとえば、仕事を進めていくうえで何か議論をする、アイデアを出そうとするときに、違う意見が出るのは当たり前です。むしろ歓迎すべきことです。たくさんのアイデアが出るからこそ、良いアイデアは見つかるものです。

そもそも議論をするときに最初から全員の意見がそろっていることは滅多になく、お互いの意見を言い合ってより良いものにまとめていくはずです。議論が紛糾することもあります。そのときに、ただ自分の意見を通そうとするのは稚拙な態度です。

相手がどう考えているのか、相手の意見の裏側にある本当の関心事はなんなのかを考えて話してみたら、表現が違っただけで同じことを言っていた、ということもあります。

そんなとき、**チームの仲間たちが何を判断基準にしているのか、どんな価値観なのかを知っているかどうかで、向き合い方が変わってきます。**

お互いの価値観を知るには、普段の仕事場から離れて、あえて自分たちの関心事について話をする機会をつくる、というのも1つの方法です。オススメなのは、いつもと違う場所で、会議とは違った気軽な雰囲気のもと、肩書きや役職を外し、だけど真面目な議論をする「オフサイトミーティング」です。

オフサイトミーティングを提唱する株式会社スコラ・コンサルトによると、**「気楽に真面目な話をする」**ことが開催の目的となります。気楽な場で気楽な話をするのが飲み会、真面目な場で真面目な話をするのが会議だとすると、その中間に位置するのがオフサイトミーティングになります。

また、お互いがどんなことで怒るのかを知るためにできるアイデアの1つとして、**「アンガーマネジメントゲーム」**があります。このゲームは、日本アンガーマネジメント協会が考案・開発したもので、ゲームを通じてお互いの怒りのツボを見つけることのできる大人向けのカードゲームです。

アンガーマネジメントゲームをチームの仲間と行えば、「こんなことで怒るんだ」「こんなことがあっても怒らないんだ」とお互いを知ることができ、話をするときの安心感が大きく増します。それにゲームを通じて親睦を深めるだけでも価値があります。

リアクションの意識がそろっている

何か情報発信をしたときにどのような反応が返ってくるかで、心理的安全性の高さは大きく違ってきます。私は講演をすることも多いのですが、やはり聴衆の反応によって話す際のテンションが変わります。ずっと腕を組んで仏頂面で聞いている人ばかり、そればかりか居眠りしている人がいたりすると、早めに話を切り上げたくなってしまいます。

話をするときの心理的安全性は、聞く側の態度によって変わってしまうので、チーム内では話す側よりも聞く側の姿勢や態度についての認識をそろえておくといいでしょう。

ミーティングなどでは、よく**「グランドルール」**を最初に共有することがあります。グランドルールとは、実りある会議やミーティングを実現するために、参加者全員で守るべき約束事です。たとえば、以下のようなものを設定します。

・スマホやパソコンをいじらない

・話している人の発言をさえぎらない
・声を荒げる、不愉快な態度を示すといったことをしない
・違う意見や考え方を賞賛する
・まず肯定してから意見を述べる

こうしたコンセンサスを取っておくことで、参加者同士で安心して話をすることができます。

なお、ルールはチームやプロジェクトの状況によって変わります。

たとえば、私たちの会社ではテレビ会議が前提なので、パソコンをいじらないということはNGにできないですし、会議中に作業をすることもNGにしていません。一方、テレビ会議では、話をしている人以外がシーンとしてしまうことがあります。そのため聞き手には必要以上にあいづちを打つよう奨励し、話し手は終わったら「こちらからは以上です」などと伝えるようにしています。

まずチーム内で、どんなグランドルールがあるといいかを話してみると、お互いの価値観をすり合わせる良い機会になります。

「肯定ファースト」と「NOと言うこと」

心理的安全性の高さを保つためのリアクションにおいてもっとも重要なのは、「肯定すること」と「NOと言うこと」の2つです。

エッセンシャルマネジメントスクールを主宰する西條《さいじょう》剛央《たけお》さんの提唱する本質行動学によると、人間の本質として誰もが肯定されたいと考えているのだから、まず肯定から入ることが大事であるそうです。それを「肯定ファースト」と呼んでいます。

たとえば、部下の出してくるレポートや成果物をレビューする際、つい否定や指摘から入ってしまいがちです。ですが、そうなった瞬間に部下は聞く姿勢がなくなってしまいます。**まずは肯定できるところを見つけ、次に指摘をすると前向きに取り組んでもらえるというわけです。**

肯定ファーストの考え方をチームやプロジェクト全体で共有すると、それだけで場の安心感は非常に増すことになります。

「NOと言うこと」をきちんと共有しておくことも重要です。これはとくに、チームの雰囲気が良くて、メンバーも優しい人ばかりだと、相談しにくくなるといったことがありますが、そのような問題の対処法として有効です。

というのも「いつでも相談して」と言われ、頻繁に相談するようになっても、優しい人たちはいつでも相談を受けてくれます。しかし、ダメなときはダメと言ってもらわないと、「相談すると相手を困らせてしまうのではないか」「相手の時間を奪ってしまうのではないか」と、勝手に遠慮してしまって相談できなくなってしまうのです。

そこでチーム全体のコンセンサスとして、忙しいとき、相談に乗ることが難しいときは、「NOと言うよ」ということを共有しておくのです。

この認識を共有しておくだけで、安心して相談することができますし、NOと言われても傷つく必要などないのだと思えます。

4 「ザッソウ」できる職場をつくるリーダーの姿勢

ザッソウを生み出す心理的安全性。両者のあいだには、ザッソウが先か心理的安全性が先かという「因果性のジレンマ」が常に存在しています。

少なくとも人を1箇所に集めるだけでは、心理的安全性もザッソウも自然に生まれないわけなので、最初の一歩として誰かの明確な意思と行動が必要です。それこそが、これからのマネジメントを担うリーダーの役割です。

本来、マネジメントは「なんとかする」「うまくする」という意味の言葉です。プロジェクトマネジメントであれば、プロジェクトを成功させるためになんでもするのがプロジェクトマネージャの仕事です。

ついマネジメントと聞くと「管理する」ことだと考えてしまいがちですが、管理は「なんとかする」ための手段の1つにすぎません。もっと別の方法があるのなら替えてしまってもよくて、結果的にうまくいきさえすればいい。もっといえば、**「良い感じになりさえすればいい」**のです。

そう考えると、組織をマネジメントするリーダーやマネージャにとって、ザッソウはなんとかうまくするための大いなる手段となるのです。

上司の仕事はザッソウ

スケジュールがみっちり埋まっていて、現場のケアもしながら自らも手を動かし、率先して仕事を進めていく……そんなリーダーは仕事ができるように思えて、格好良く見えます。

一方で、スケジュールはわりとガラガラ、締め切りのあるような決まった仕事は持たず、普段は現場をブラブラしながらメンバーたちと雑談したりしている……そんな暇そうに見えるリーダーもいます。

前者の方が優秀なリーダーに見えますし、実際に成果を上げることのできるリーダーだと思います。ただ、忙しく働いてしまうと、部下やメンバーからの相談を受けにくい状態になってしまいます。

相談したい人からしてみても、「忙しそうだから、声をかけるのはやめておこう」

まいます。

「大したことのない話で時間を取ってしまうのは悪いな」と、どうしても遠慮してし

結果的に、そうやって相談がなかったことで、「部下の仕事が一向に進んでいないことに気づけなかった」「だいぶ仕上がってからの確認になり、大きな手戻りが発生した」、果ては「キャリアに悩んでいることを相談できず、部下が辞めてしまった」といった事態になってしまうのです。こうしたことは、経験の浅いプレイングマネージャにしばしば起きることです。

後者のような現場ブラブラのリーダーは、懸命に働くメンバーの士気を下げかねない存在です。しかし、暇そうに見えるということは、部下やメンバーにとって話しかけやすい存在であるという一面もあります。

そんなリーダーは、困ったときに頼りにして相談するというよりは、「なんとなく意見がほしくて声をかける」「まだうまく言語化できないことを何気なく話す」など、まさしくザッソウしやすい存在になります。

自分で手を動かすことはないけれど、メンバーの雑談や相談に気軽に乗ることがで

きる。それによってメンバーたちは自分の方向性が合っていることを確認し、安心して仕事をすることができます。モヤモヤした気持ちも抱え続けなくて済みます。

頭脳労働の場合はとくに、悩みがあると脳の一部を余計に使ってしまってパフォーマンスが落ちてしまうことがありますが、いつでもザッソウに乗るマネジメントによって、そうした障害を取り払うことができるのです。

マネージャにとってザッソウは、現場で起きていることを知る大事なインプットの機会でもあります。報告や連絡をいちいち待つ必要もないし、問題や課題があるかどうかを嗅ぎ取ることもできます。そもそも気軽にザッソウし合える状態なら、心理的安全性が保てている良い状態ともいえるので、その確認にもなります。

相談しなければ仕事が進まないようなケースが多くなるほど、そしてメンバーの数が増えるほど、自分で手を動かすよりもザッソウに乗るタイプのリーダーの方が、チーム全体の力を発揮させ、成果を上げることができるようになるのです。

ザッソウしやすいカルチャーをつくる

ザッソウあふれる職場にするためにリーダーが率先してできることは、まず自分自身がザッソウをすることです。**決して、「ザッソウしろ」と指示命令しないようにしましょう。強制された雑談ほど楽しくないものはありません。**

ザッソウしやすい職場には、ザッソウしやすいカルチャーがあります。そうしたカルチャーは集団をつくった最初の1人であるリーダーによって生み出されます。仕事をしていくうえでの姿勢や組織での振る舞い方など、「どうあるべきか」「どうありたいか」を最初から考えているのはリーダーだからです。

そのリーダーとなる人が率先してザッソウを行っていくことで、それを受けた側は「自分もやっていいんだな」と感じ、ザッソウを始めるようになります。

ザッソウの声かけや実際に行っている様子を周りに見せることも効果的です。せっかくなので、密室でなくオープンな場所でザッソウしていくと、周りにも浸透していくはずです。

多くの人間には「脳のブレーキ」がかかっているものです。「自分は雑談なんてできない」「仕事中に雑談なんてしたら駄目だ」と頭で考えているわけではないのですが、どこか心の奥底に思い込みがあるとザッソウに対して抵抗感が生まれます。

そんな脳のブレーキを壊す手っ取り早い方法は、目の前でやってみせることです。リーダーがしているザッソウを見た人たちは、「劇場効果」によって「ザッソウって自分にもできそうだ」と思い、「仕事中にしてもいいんだ」と考えるようになっていきます。もちろん一度や二度でなく、何度も見せていく必要があります。

また、そうしたカルチャーのムーブメントをつくっていくにあたって重要なのが2人目の存在です。デレク・シヴァーズ氏がTEDでプレゼンテーションした「社会運動はどうやって起こすか」(https://www.ted.com/talks/derek_sivers_how_to_start_a_movement?language=ja) によると、この2人目のことを最初の「追随者（フォロワー）」と呼んでいます。このプレゼンテーションでは、社会運動を起こす動きを表現する動画を流していました。動画の冒頭では、公園で裸踊りを始めた若者を周囲の人が笑って見ている様子が映り、そこからしばらくして2人目、すなわちフォロワーが現れて同じように踊り出すのです。そうしているうちに3人目、4人目と増えて、最終的には周りのみんなも踊り出すムーブメントになってしまうのです。

ここでは**フォロワーも、ある意味でリーダーシップの1つの形態であると主張して**

います。というのも実際、この動画でいえば裸踊りをし始めた1人目を、ただのおかしな人で終わらせずに、集団のリーダーにしたのはフォロワーの存在だからです。

職場で起きるザッソウのムーブメントも、最初にリーダーがザッソウを始めたときに、それに続いて乗ってくれるフォロワーの存在がいると広がっていくはずです。

ザッソウを使ったマネジメント

ずっと管理されてきた人がマネージャになると、他の手段を知らないがゆえに、自分がされてきたような管理をしてしまうことが往々にしてあります。しかし、現代のクリエイティブな仕事と管理という手段の相性が最悪なことは、これまで述べてきた通りです。では一体どうやってマネジメントをすればいいのでしょうか。


チームや組織のマネジメントは、その集団の成果を上げることが目的です。そのため、そこにいる人を思うままにコントロールしようと考えがちですが、実は人を動かそうとする発想は筋が良くありません。

昔ながらのマネージャならば「アメとムチ」、つまり報酬や昇格といった褒美を与え、罰則や降格処分などの恐怖によって人を働かせようとします。これは、外部から人の行動をコントロールしようとする「外発的動機付け」と呼ばれています。

しかし**賞罰による外発的動機付けには、そもそも労働が辛く苦しいもの、つまらないものという前提があります。**

嫌なことに取り組ませるには外発的動機付けが有効です。とはいえ、それではマイナスだったモチベーションを最低限まで持ってくるのがやっとです。外発的動機付けだけでは本当に素晴しい成果を出すことはできません。

クリエイティブな仕事はどうしても属人的で、成果に対する生産性や品質は個々人の資質やモチベーションによって大きな差が生まれます。そこで、本当に大きな成果を上げるための鍵となるのが「内発的動機付け」です。

内発的動機付けは、自分自身の深い関心に従って行動するときのモチベーションです。「その行為そのものが楽しい」「誰かの役に立ちたい」「もっと上達したい」……そんな気持ちから行動を促します。

もし、その関心の対象が目の前の仕事であれば、外発的動機付けで促されて働くよりも良い成果を間違いなく出すことができます。

内発的動機付けは外部から作用することができません。だから**マネージャにできるのは、内発的動機付けが働くように仕事をうまくアサインすることだけです。**

そのためには、話をする中でその人がどんな仕事に関心を持っているのか知ることができるだけの、心理的安全性が高い場と関係性が不可欠です。もしメンバーが「うかつなことを言ったら悪く評価されるかもしれない」と思っていたら、怖くて本音なんて言えませんから。

ですから、メンバーの本当にやりたいことを引き出すには、ザッソウの場が有効なのです。経験豊富なマネージャは、うまく雑談の機会をつくったり、飲みに連れ出したりして、さりげなく聞き出してきたものです。そうしておくと、タイミングが合えば、本人がやりたい仕事にチャレンジする機会を与えることができます。

関心を引き出すザッソウのフレームワーク「YWT」

メンバーの関心をザッソウで上手に引き出す自信がない場合は、フレームワーク「YWT」を活用しましょう。YWTは、「やってきたこと（Y）」「わかったこと（W）」

「次にやること（T）」の3つの頭文字を取ったものです。

まずは、やってきたこと（Y）から話をしましょう。「どんなことをやってきたの？」と、メンバー本人の言葉で話してもらいます。

やってきたこと（Y）は、仕事の話もあれば、仕事にまつわる勉強や自己研鑽の話、なんでもないプライベートなど、どんな話でも構いません。本人に語ってもらうことで、何が自分にとって印象的な出来事として残っているのかがわかります。「こんな仕事もしてくれてたのか！」と思わぬ発見もあるかもしれません。

次に、わかったこと（W）を一緒に考えましょう。やってきたこと（Y）を読み解いていくと、何が好きな仕事なのか・嫌いな仕事なのか、得意なのか・苦手なのかがわかってきます。

ここで注意しなければいけないのは、わかったこと（W）の押しつけをしないということです。あくまで本人が発見しなければ、それは本当の意味でわかったこと（W）にはならないからです。**やってきたという経験からの学びこそが、次につながる教訓になります。**

たとえば、エンジニアだけど商品企画の仕事をしてみたいというメンバーがいて、ちょうどいい仕事があったので任せてみたとしましょう。それから半年〜1年後にYWTをしたところ、やってみたものの企画自体が全然うまくいかなくて、やってみたいと言っていた本人にとっても楽しいものではないとわかったとします。そうしたときに企画の仕事は向いていないということが、「わかったこと（W）」だとしたら、本当に身につまされた教訓になります。

逆に、大きな成功体験を得ることができ、その経験からもっとやってみたいと思っていることがわかったとしたら、それも次への大きな推進力になるでしょう。いづれにせよ、本人による経験からの学びこそが重要なのです。

そうしてわかったこと（W）が出たら、次にやること（T）を考えます。わかったこと（W）を土台にすると、自分が次にやること（T）は自然とあぶり出されてくるでしょう。

思いつきで次にやること（T）を出しても、結局やらなくなってしまいます。大事なことは、やってきたこと（Y）・わかったこと（W）から導き出すことです。そうしないと、心から思える次にやること（T）が見えてこないのです。

こうして**ＹＷＴを使ったザッソウをすることで、本人が本当に関心のある仕事を知ることができます。**その関心事に適した仕事を渡してあげることで、内発的動機付けは最大限に発揮されて大きな成果を出すことでしょう。このように、活躍できる場所を適材適所で見つけてあげることこそが成果を上げるマネジメントの肝になります。

ザッソウあふれるチームを支える人間性

ザッソウあふれる職場やチームには、明るく穏やかな空気が流れています。その雰囲気を生み出しているのは、やはりリーダーの姿勢や人柄によるところが大きくなります。

私は、これまでザッソウあふれる職場、そうでない職場をいろいろと見てきました。その中で、ザッソウが多い職場のリーダーのパーソナリティには共通点があると感じています。それを探っていきましょう。

（1）好奇心が旺盛

ザッソウの話をすると「雑談が苦手で……」という人もいますが、うまく雑談する人の共通点として自分で話をするよりも、質問が多いことが挙げられます。どれだけ話がうまくても、一方的に話をするだけでは対話とはいえません。お互いに話をするから対話になります。そのためには、相手からの話を引き出す質問力の方が求められるのです。

良い質問をするためのテクニックとして、事前に質問を考えておくのもいいでしょう。ですが、そもそも自然と質問が出るのはどんなときでしょうか。それは相手のことや相手のやっていることに興味があるときです。

興味や関心があれば、「この人はどんなことを考えるのだろうか？」「この人はどうやっているのか？」と気になるはずで、それを聞くだけで対話になります。だから、**好奇心が旺盛な人の方がザッソウは盛り上がります。**

たとえどれだけ会話のテクニックがあっても、好奇心からの質問でないと白けてしまうことになりかねません。

（2）ギブアンドギブ

ビジネスの世界では、よく「情報交換をしましょう」と言って「ギブアンドテイク」の対話をしようとします。ですが実際は、テイクを期待して情報をギブしようとしてもうまくいきません。これと同じで、情報の出し惜しみをしながら、どれだけ相手から情報を得られるだろうかと期待してくる人と気軽なザッソウはできません。

ザッソウを促進するリーダーたちはサービス精神が旺盛です。何か相談されたら気軽に応じて出し惜しみなく話をします。時間も情報も、相手のために使うことをいとわない人たちだからこそ、ザッソウしやすい雰囲気を感じることができます。

それは、ザッソウに対してギブアンドテイクを求めていないからです。見返りなどなく応じる姿はいってみれば、「ギブアンドギブ」の精神です。損得勘定では動いていないのです。

（3）軽やかに受け止める

ザッソウが上手なリーダーは得てして、ノリの軽い人が多いです。相談を重苦しく受け止める人は、相談する側も重い気持ちになるものです。

私がまだ現役のエンジニアだった頃、自分が取り組んだプロジェクトでの学びを事例紹介として技術系の雑誌に寄稿したいと考えたことがあります。とはいえ、当時の私には出版社のツテもなく、熱意だけがあった状態でした。

あるとき、アジャイル開発に関する本を書くなどの活動をされていた平鍋健児さんと知り合いになり、大いに悩んだすえに思い切って「雑誌に寄稿してみたいんです」と相談に行きました。そうしたら、本当にあっさりと「いいんじゃないですか。出版社を紹介しますよ」と言ってくれて、本当にメールで紹介してくれたのです。そのとき、とても重い気持ちで相談に行った私の肩が一気に軽くなったことを覚えています。

相談する側にとって、抱えている相談事は少なからず重たいものです。それに対して相談を受ける側も、一緒になって「難しいね……」「なかなか大変だね……」と重く受け止めてしまうと、より一層に重くなって動けなくなってしまうのです。

だから、**せめて相談を受ける側は軽やかに、悩むことなく受け止めて話を聞いてあげると、それが相手の行動を促すことにつながります。**

（4）フランクさと敬意

ザッソウというからにはカジュアルな会話をしたいものです。慎重に言葉を選んで話さないといけないとしたら、雑談や雑な相談とはいえません。適度なフランクさがある方がザッソウは盛り上がります。

ただし、率直に意見が言い合えることは良いことですし、フランクに表現を気にせず話ができることも素晴しいのですが、そこにお互いの敬意がなければ成り立ちません。**敬意を欠いたフランクさは相手を傷つける言葉になることがあります。**

敬意がないなら丁寧に話せばいいかといえば、それはただの慇懃無礼です。「敬意がある＝丁寧である」ではありません。丁寧すぎる言葉づかいの人には壁を感じてしまいます。

フランクさを生み出すために、呼び名に肩書きを使わないようにしている会社もあります。社長、部長と呼ぶよりも、山田さん、田中さんと「さん付け」で呼ぶ方が親しみが持てます。ニックネームで呼び合うのもいいでしょう。

（5）共感と肯定

相談したら相手が理解を示してくれなかった、そのうえ否定までされてしまった——それでは相談する気などなくなってしまいます。話しかける側にしてみると、話を聞いてほしいから話しかけるのであって、理解されないとしたら話になりません。

雑な相談であるザッソウではとくに、話しかける側にハッキリとした考えがあるわけでもないし、まだモヤっとした状態なので、そうそう共感してもらえる自信があるわけでもないのです。勇気を出して相談したのに、その思いすら理解されなければ、もう二度と話しかけることはないでしょう。

ザッソウが上手なリーダーは、まず人の話を熱心に聞きます。少なくとも熱心に聞いているように見せてくれます。たとえば少し大げさにあいづちを打ったり、合いの手を入れてくれたり……そんな具合です。

そうすると、話している側は肯定された気持ちになって、話がしやすくなります。ザッソウであれば、必ずしも解決するための意見を言わなくても、相談している側が勝手に自分で考えて次の行動が決まることがあります。だからまずは、話を聞く姿勢と、それを相手に伝えることが大事になるのです。

「あの人のところにいけば話を聞いてもらえる」、そんな風にみんなから思われるリーダーの存在は、チームのザッソウを増やす鍵となるでしょう。

5

「ザッソウ」で考えるコミュニケーション術

いざ、ザッソウをしようとしたときに、うまく盛り上がらないことがあります。そんなとき、以下のような態度を取っていないでしょうか。

・相手の言葉に無反応で、まるで上の空
・話をさえぎって自分の話をしている
・内容を頭から否定・非難している
・良かれと思ってアドバイスしている
・時間を気にして結論を急いでしまう

・相手の考えを自分の都合のいいように誘導してしまう

もし雑談や相談をしようというときに、こんな態度をされては気持ち良く話などできるわけがありませんよね。そこで、今一度コミュニケーションをするうえでの基本をおさらいしましょう。

信頼される聞き手になるポイント

相手の話を聞くときに「無言」「無表情」「無反応」だと、話をしている側は途中で心が折れ、「なるべく早く用件だけを伝えて話を終わらせたい」と思ってしまうものです。そうなるとザッソウは成立しません。

私が人前で講演をするとき、やはり興味を持って聞いてもらうのと、難しい顔で腕組みして聞かれているのとでは、話すテンションが違ってきます。当然ですが、興味を持って聞いてもらえる方がサービス精神がわきますし、おもしろくて良い話をしようという気持ちになります。

だから、最近は講演の最初に1つだけお願いをするようにしています。それは「うなずくこと」です。何十人といる中に、しっかりうなずいてくれる人がいるだけで気持ち良く話ができるものですし、講演する側は案外そういう人を見つけて、安心しながら話をしているものなのです。それに、うなずいてもらうだけで「少なくとも自分の話が届いている」と思えますし、「話の内容に共感してもらっている」とも感じられます。**うなずかれていると、肯定された気持ちになるのです。**人間は肯定されると調子に乗りますし、人前で話すときはそれくらいの精神状態の方がやりやすいものです。

なお、無言・無表情・無反応は、何もしていないのでプラスでもマイナスでもないように思えますが、**聞き手が何もしないのは、実はマイナスの状態です。**話している側は勝手に否定された気持ちになっているのです。

うなずくこと以外にも、リアクションであればなんでも構いません。

たとえば、テレビ会議で話をする場合などは、3次元空間に実物がいるわけではないので、どうしても視覚的な強さはありません。そこで一生懸命にうなずいたところで、目に入らないと効果は薄くなってしまいます。

そのためテレビ会議をするときは、うなずくとともに「ふむふむ」とか「なるほど」とか、言葉で合いの手を入れるようにしています。意味のある言葉を言う必要はなく、聞き手のリアクションが伝わればＯＫです。

配慮ができる話し手になるポイント

次は話し手としてのコミュニケーションのポイントです。ザッソウの場合はとくに、あまり言葉を選びすぎずに率直に思ったことを伝え合う方がうまくいきます。しかし、最低限の配慮は忘れないようにしましょう。遠慮と配慮は違うものです。

たとえば、職場で上司が部下に話しかけるときの言葉として、「大したことじゃないんだけど、話できる？」と前置きを入れてから話の機会をつくろうとするのは、とても相手のことを配慮した言い方です。

もし前置きなく、いきなり上司から「話がある」と言われたら、とても緊張しますよね。そうなると良い会話ができなくなってしまうかもしれません。だから前置きを入れるという、安心して会話に臨んでもらうための配慮が必要なのです。

「驚き最小の原則」という言葉が、ソフトウェア開発の業界にはあります。ユーザが触る部分の設計などで使われる原則で、動作の設計をするときは人間がもっとも自然だと思えるように、変に驚かせることのない設計をしましょう、という原則です。これは、人間関係にもいえると結城浩さんの「プログラマの心の健康」に書かれています。

事前に知らされていないことに突然気づいたとき、人間はパニックになったり、怒ったりしてしまいます。**わかっていることがあるなら、事前に小出しにしてあげて驚きを最小化することで、相手は心の準備ができるようになるのです。**

また、相手の話を受けて自分の意見を言う場面であっても、押しつけにならないように「ちなみに」とか「思いつきなんだけど」といった枕詞《まくらことば》を使うこともあります。これは上司や権力を持った立場の人が気をつけることです。

構造上は従わざるを得ない関係であったら、何を言っても聞き入れられてしまいがちで、そうなるとザッソウをしにきてくれた人にとっては自分事の問題ではなくなってしまうのです。そうした状況を避けるための枕詞です。

いずれの場合も、相手の立場になって考えることが求められます。**遠慮は自分のための行動ですが、配慮は相手のための行動**なのですから当然です。これは、自分と相手の対話を客観的視点・俯瞰的視点で見ようと意識することで身につけられます。

人のやる気を引き出すコミュニケーション

上司や先輩の立場であれば、部下や後輩のやる気を引き出すようなコミュニケーションをしたいものです。

よく言われるのは、仕事の成果や提出物のチェックをするときに、まず褒めることから入るというものです。大げさに褒める必要はないのですが、いきなり指摘から入らてしまうとそれだけで受け手はやる気を失ってしまいます。**でき上がりの良し悪しの前に、まずは仕事をしたこと、確認できるところまで持ってきたことを認めるべきです。**

心理学でいう「強化理論」に基づくと、強化したい行動に対しては賞替する、認める、快感を得られるようにすることが大事です。チェックを受けにくる行動自体は強化したいものなので、そのこと自体をまずは認めるのです。

フィードバックの仕方にも気をつけることがあります。仕事である限り、品質の良くないものは出すことができないため、厳しい指摘もしなければいけません。しかし、なんの配慮もなく指摘していると、それなりに経験を積んだ人であっても傷ついてしまいます。

そこで**不可解な点や指摘すべき点があったときは、まず本人がどういった意図を持ってそうしたのか聞いてみることにしましょう。**本人なりの考えがあれば議論してより良いものにできますし、考えがないのなら気兼ねなく指摘することができます。

また別のシチュエーションですが、ザッソウで相談をされたときの対応として、ついアドバイスをしてしまうことがあります。

しかしザッソウで相談をしてくるのは、それなりの事情があってアドバイスがほしい場合もありますが、自分の考えを整理したいだけの場合もあります。

せっかく本人が問題に立ち向かおうとしているところに、たとえ自分に経験や知見があったとしてもアドバイスをしてしまうと、本人の考える気力がなえてしまいます。

ですから**話を受け取って返すスタイルではなく、一緒に考えるプロセスを踏んでい**

くといいでしょう。そうすることでともに問題に立ち向かう気持ちが生まれますし、相談した側にとってそれは非常に心強いものになります。向き合うのではなく、後ろで支えるイメージです。

人を育てるときのコミュニケーション

ザッソウというコミュニケーションの場を通じて、人を育てる機会にすることもできます。研修やセミナーと違ってお互いに話をしていくことで、成長するためのきっかけを見つけていきましょう。

(1) しなやかマインドセットを身につける

思考パターンや心のあり方を示す「マインドセット」の専門家であるスタンフォード大学のキャロル・S・ドゥエック教授によれば、人は2種類のマインドセット「硬直マインドセット(fixed mindset)」と「しなやかマインドセット(growth mindset)」に分けられるといいます。

硬直マインドセットの人の特徴は、自分の能力は生まれたときから固定されていて変化することはない前提で物事を考えます。そのために、今の自分がどうなのか評価されること、つまり有能であることを証明したいと一生懸命になってしまいます。

一方、**しなやかマインドセットの人には、人間の基本的な資質は努力次第で伸ばすことができるという信念があります。**持って生まれた資質は違っていても、その後の努力と経験で伸ばすことができる。だから、現時点で足りていない・できていない自分でも認めることができるのです。ですから、難しい問題に出会っても粘り強く立ち向かうことができます。

当然ですが、しなやかマインドセットを持ち合わせた方が健やかに成長します。そして、しなやかマインドセットは誰でも身につけることができるのです。

その方法はとても簡単で、「そういうマインドセットがあるんだな」と知ることです。あなたが上司やリーダーであれば、部下やメンバーとこのマインドセットについて共有して、どちらがいいか自分で考えてもらえばいいのです。まずは、そこから始まります。

そして、コミュニケーションの中でも、相手を固定的だと考えて接するのか、この先しなやかに成長していくと考えて接するのかで違ってくるでしょう。

（2）抽象化と言語化を身につける

前述した「YWT」は、人を育てるザッソウの良い機会でもあります。私たちの会社では、私がメンターになって若手社員とのYWTを3ヵ月〜半年に一度のペースで行っています。

ザッソウしながら、本人の「やってきたこと（Y）」「わかったこと（W）」「次にやること（T）」を一緒に考えて、すり合わせをしていきます。若手社員にしてみれば、進路相談みたいなもので、自分がどういうキャリアや経験を積んでいきたいのか自ら考える機会にもなります。

メンターとして気をつけているのは、わかったこと（W）の中で、若手社員が深く思考できるようにどれだけ寄り添えるかということです。

やったこと（Y）は事実なので、思い出すだけで書き出せます。次にやること（T）もアクションなので具体的に書くことができます。しかし、わかったこと（W）は、どこまで抽象化して考えることができるかで、学びの量と質が変わってくるのです。

ポイントは、わかったこと（W）を本人が言語化できるまで、ジッと待つことです。言語化できないと、経験からの学びを一般化することができないのです。「色々と学びになった」では、わかったこと（W）にならず、きっとすぐに忘れてしまうでしょう。

メンターは出てきた言葉を拾って、そこからさらに深掘りできないか質問していきます。「なぜそう思った?」「そんな風に考えたきっかけは何?」と、あくまでも本人が言語化できるよう支援をしていくのです。そうすることで、抽象化する力が身につきます。

（3）戦略性と客観性を身につける

「許可を求めるな、ザッソウせよ」が浸透すると、部下やメンバーから様々な提案があがるようになります。それはチームが活性化してきているとても良い兆候です。

では、そういった提案や企画に対して、どのようなコミュニケーションをすることが成長や育成につながるのでしょうか。

もちろん、まずは提案してくれたことを肯定するところから入ります。問題はそこから先で、中には未熟な提案内容もあるはずです。それなのに中身の質までなんでも肯定してしまうと、うまくいかないことも起き、せっかくの成長の機会を逸してしまいます。

こういった場合は、**提案や企画の中身について、どうしてそう考えたのか（思考の過程）を聞くことから始めます。**そうすることで本人が何を考えられて、何を考えられていないのかがわかります。メンターは、そこから足りてない観点を伝えます。

また、その企画が良いものだった場合、「その先はどうなるのか」「さらにどういう手を打とうとしているのか」を聞いていきましょう。「うまくいったらどうなるんだろうか」、そんな興味本位で構いません。

想定通りにいくことなどまずありませんが、後先を何も考えずに取り組むことは臨機応変とは言わず、行き当たりばったりと言います。そうではなく、自分なりの可能性の幅を考えておくからこそ、想定から外れたときも臨機応変に対処することができるのです。

先の先まで考える力を鍛えることは、戦略的思考を鍛えることにつながります。ゴールまでの道筋や、どうすれば提案が通るのかを何度も何度も考えることで、いずれ現場で急な判断を求められたとしてもとっさの対応ができるようになるでしょう。

雑談が苦手でもできるコミュニケーション

ここまでザッソウのためのコミュニケーション手法について説明してきましたが、それでもまだ雑談に対する苦手意識を持っている人にとっては、ハードルが高いと感じているかもしれません。

ですが雑談だからといって、**一生懸命に話す必要はないのです。相手が話してくれるなら、それを聞いてあげるだけでも雑談は成立します。**むしろ、話し上手であるよりも聞き上手である方が、相手にしてみると気持ち良く話ができて満足してもらえます。

聞き上手であるためには、たくさん質問をしてあげることです。それもYES・NOで答えるような広がらない質問ではなく、自由回答できるような質問が望ましいでしょう。また、相手の表面的なことだけでなく、内面に通じることを聞くと話が広がりやすくなります。

相手から質問をしてくれることもあります。質問される方が回答すればいいだけなので気が楽なはずです。しかし、相手からの質問が終わってしまうと、結局そこで雑談が止まってしまうことがあります。

そういうときは、**質問をしてきた相手に、同じ質問を返してみるのもいいでしょう。**相手が聞いてきたということは、その人が話したいことでもある可能性が高いからです。


つまるところ、雑談に苦手意識があると言っている人は、スマートに雑談をしたいと考えているのではないでしょうか。

雑談なんて、しょせんは雑談です。そこに上手も下手もありません。相手がどう思おうとも、それで何かしら実になるものがなかったとしても構わないのです。それくらいの気持ちで臨んでみてください。

第 4 部

チームと人を変えていく「ザッソウ」

どこにでも生えるように見える雑草だが、じつは多くの植物が生える森の中には生えることができない。豊かな森の環境は、植物が生存するのには適した場所である。しかし同時に、そこは激しい競争の場でもある。そのため、競争に弱い雑草は深い森の中に生えることができないのである。

(中略)

弱い植物である雑草の基本戦略は「戦わないこと」にある。

強い植物がある場所には生えずに、強い植物が生えない場所に生えるのである。

言ってしまえば、競争社会から逃げてきた脱落者だ。

しかし、私たちの周りにはびこる雑草は、明らかに繁栄している成功者である。


(稲垣栄洋『雑草はなぜそこに生えているのか　弱さからの戦略』筑摩書房、2018年、26-27)

「ザッソウ」のあふれるチームになれば一体何が起きるのでしょうか。たかがザッソウ、されどザッソウ。ザッソウは組織のあり方や働く人の生き方までも変えてしまう可能性があるのです。第4部では、ザッソウの可能性と本質について考えます。

1

「ザッソウ」がチームに果たす役割と本質

ここまではザッソウそのものについて語ってきましたが、果たしてザッソウを通じて育てたかったのはどんなチームだったのでしょうか。その目的がないままザッソウを導入しようとしても、きっとうまくいきません。

ザッソウあふれるチームで起きることを知ったうえで、自分たちの状況と目的に合わせてどう取り入れるかを考えましょう。

ザッソウあふれるチームで起きること

ザッソウとは、雑談と相談を一緒にしてしまうことで、創造性が求められる複雑化した現在の仕事を、気軽に相談しながら進めていけるチームをつくるためのコンセプトです。

また、ザッソウは「雑に相談する」という意味も込められています。しっかり準備して臨むような相談だと気軽にはできないので、たとえ内容が雑であっても相談し合った方が仕事が進みやすいからです。

そう、**すべては仕事を円滑に進めることが目的で、ただ仲良くあるためだけではないのです。**もちろん、楽しく働くために人間関係は円滑でありたいものですが、なぜ楽しく働くことが大事なのかといえば、その方が仕事の生産性も品質も高まるからです。

ザッソウというコンセプトをチームの共通認識として持つことで、誰もが気軽に相談できるようになります。そうして話をする機会が増えてお互いの意見や考えがわかるようになると、それまで以上に意見をぶつけ合えるようになります。それが本当の心理的安全性です。

心理的安全性が高まることで、多様な人間が集まったチームであっても、お互いの意見は尊重しつつも遠慮なく言い合えるし、アイデアも出し合えるようになります。自分1人では解決できなかった問題も解決できることでしょう。

また、自分の弱みまでさらけ出せるような関係性が築けると、なんでも自分で抱え込むのではなく、強みの部分で貢献しようと考えられるし、自分が苦手な部分は助けてもらおうと相談できるようになります。これこそチームワークです。

そんなチームになればより成果を出すことができるようになり、仲間とともに成果を上げる体験をすると、そのチームはより強い結束で結ばれるようになります。良いチームからは離れたいと思う人は減り、そのチームに加わりたいと思う人も多く出てくるでしょう。

順番を整理すると、チームをつくって結束を高めてから仕事に取り組むことで成果が上がるのではありません。**チームでザッソウしながら仕事に取り組むことで成果が上がり、それを続けていくことで結束も高まり、さらに成果も上がっていくのです。**

チームで成果を上げることこそ結束を高めるチームビルディングであり、成果と結束は同時に起こっているのです。それを促進するのが雑談と相談、すなわちザッソウです。

自己組織化されたチームの育て方

現代社会において、どのようなチームがより大きな成果を出せるのでしょうか。ティール組織のような考え方が非常に注目を集めているのはなぜでしょうか。

それは、仕事に創造性が必要になってくると、計画通りに手を動かしているかどうかを管理するようなマネジメントから、個性や強みを活かしながら成果を出させるマネジメントへと変化が求められるようになるからです。そして、その先にあるものがチームの「**自己組織化**」です。

自己組織化とは、もともと自然現象をモデル化した際に使われた表現で、自律的に秩序や構造をつくり出す現象のことをいいます。

それを組織やチームへ適用して考えてみると、**組織を構成しているメンバーそれぞれが、場に備わったミッションや目的を達成するために、自律的に考えて行動しつつも相互に助け合い、作用し合っている状態**と考えられます。

チームが自己組織化されてくると、現場で起きた問題への対応や事業を成長させるための企画などを、上司やリーダーに逐一確認を取らないでも現場で判断できるようになります。旧態依然とした組織構造に比べて、圧倒的なスピードを実現できます。

自己組織化したチームにおいてこそ、**従来からの形式的な場を通じた情報共有よりも、その場その場で行われるザッソウの方が有効に働くのです。**

チーム全体の情報共有も、リーダーや上層部に集めて精査し、整理したうえで全体に報知されるような中央集権型ではなく、メンバー同士の雑然とした会話が連鎖的に行われて、なんとなくチーム全員が知っているような状態になっていくネットワーク型で行われます。

一見すると中央集権型の方が効率的に見えますが、伝えるべき情報を集めて精査と整理をする時間がボトルネックになりかねません。また、効率化のために情報が精査されてインフォーマルな情報は削ぎ落とされることになりますが、付随する周辺情報にこそ素晴しい知見が隠されていることも多くあります。中央集権型の情報共有は、単純労働の多い組織だったら向いていたのでしょう。

ネットワーク型の情報共有は、メンバー1人ひとりの情報リテラシーが問われます。情報を自ら収集する必要がありますし、その情報の正しさを精査して理解するところは各人に任されるからです。しかし、そうして**分散化した方がスピードが速く、新しく価値が生み出される可能性すらあるのです。**それは、まさしくインターネットの世界で実証されています。

ザッソウは、その情報が流れる媒介の役割を担っています。自己組織化されたチームを育てていくためには、ザッソウを使った情報共有から始めましょう。少なくとも、いきなりティール組織をつくろうとするよりは始めやすいはずです。

良い人材をつくるチームの人間関係

人の考え方は、周りにいる人たちの考え方に少なからず影響を受けるものです。子どもの頃であれば親からでしょう。学校に入る頃には先生や友達から、部活やサークルなど所属するコミュニティからも影響を受けます。そして、社会に出れば会社や一緒に働くチームから大きく影響を受けるはずです。

逆に考えれば、**どういった集団に所属するかを選ぶことができるなら、自分自身に期待する考え方を身につけられる**かもしれないということです。

たとえば学生で野球がうまくなりたいなら、強豪校に入った方がいいはずです。きっと強豪校であるだけの知見が蓄積されていることに加えて、周りにいる人たちの意識が高く、うまくなりたいと考えている人たちに囲まれた方が大きく成長する可能性が高いからです。

「人間が変わる方法は3つしかない。1つ目は時間配分を変えること。2つ目は住む場所を変えること。3つ目は付き合う人を変えること」

これは大前研一さんの有名な言葉ですが、付き合う人を変えるというのは、自分への影響を変えるということにほかなりません。

では、ザッソウあふれるチームと、雑談を許さないチームのどちらが人に良い影響を与えるでしょうか。仕事を通じて学べることはたくさんありますが、そのうえでチームの仲間との雑談があるからこそ、さらに多くの知識を得たり、様々な考え方に触れることができます。仕事の中身はもちろんのこと、**仕事に対する姿勢や、過去の経**

験からの知見を得ることができるのはザッソウあふれるチームにいてこそなのです。

同僚や上司と、仕事以外の話もすることで人間として成長することができますし、自分の考えや経験を周りの人たちに伝えていくことで、きっと自分自身にも発見があるでしょう。

雑談をただのコストと見なしている限り、関係性を通じて人を成長させるという観点には至りません。**仕事の雑談、ザッソウを通じて人を育てる、自分が育つという意識を持てば、きっと有意義な時間になることでしょう。**

2

「ザッソウ」できる職場にはゆとりがある

ザッソウあふれるチームには、雑談できるだけのゆとりが存在しています。一方、雑談なんてもってのほかで、仕事の締め切りに常に追われている職場もあるでしょう。

たしかに業務が忙しすぎて、雑談をする余裕すらない状況で「ザッソウしましょう」と言っても聞き入れてもらえないでしょうし、むしろ反発されてしまいます。余裕がないから雑談できなくて、雑談すらできないので助け合いもできなくて、仕事がうまく回らない。そんな悪循環に陥ってる可能性があります。

その悪循環の解消のために、小さな業務改善から始めてみるのはどうでしょうか。

ゆとりを生み出すための業務改善

業務改善といっても、一体どこから何をすればいいのでしょうか。ＩＴシステムを導入すればいいのかと思いがちですが、そう簡単な話ではありません。むしろ経営からのトップダウンで業務改革を目的としたシステムを導入したことによって、現場に余計な混乱を生んでしまうというのもよくある話です。

だから、**システム導入よりも先にやるべきことは、アナログでの業務分析です。**「自分たちの業務の流れがどうなっているのか」「どんな仕事があるのか」「誰がかかわっているのか」を見えるようにしていくことです。

業務分析でもっとも課題になっている部分を見つけ出し、そこからシステム化を行っていきます。今は、大げさなシステム設計をしなくても、クラウドで提供されるサービスを使うことで、簡単なシステムであれば時間もコストもかけずに導入できるようになっています。

そんなアナログでの業務分析からシステム導入をして「15時定時」「休み放題」の働き方を実現したのが、福岡県にある井上総合印刷株式会社です。

創業から65年以上も続く老舗の印刷会社で、その3代目社長である井上憲一郎さんは、従業員たちが働きやすい環境をつくりたいという一心で業務改善に取り組み始めました。

まず社長みずから取り組んだのは、自社の業務を洗い出すために従業員たちの役割や業務内容、普段の行動などを、ボールペンとノートを使って徹底的に書き出すことでした。とても大変な作業でしたが、その結果、どこを改善すればいいのかを発見することができたのです。

そこからは、サイボウズ社の提供するkintoneをはじめとするクラウドツールを組み合わせて活用し、業務改善を成功させることができたのです。

これだけのゆとりを生み出すことができれば、雑談にも前向きに取り組むことができるでしょう。

「見える化」から「言える化」へ

業務分析のポイントは「見える化」です。それまで当たり前にやっていた業務、人やモノの動き、情報の伝達と蓄積について、あらためて誰にでも見えるようにすることから始まります。

その際には、それぞれが抱えている仕事を洗い出す必要がありますが、従業員たちが自分の仕事の内容を隠そうとすると見える化にはなりません。しかし、**心理的安全性が低かったり、目標やビジョンが共有されていない状態で聞き出そうとしても、素直に答えてくれることはない**でしょう。

また、いくら見える化して業務の流れを把握したとしても、現場で働く社員から改善のアイデアが出てこなければ業務改善は進みません。

業務改善のためには「見える化」と同時に「言える化」できる関係性をつくらないといけないのです。もちろん、そこにもザッソウが有効です。

アイスキャンディの「ガリガリ君」で知られる赤城乳業株式会社では、社内の「言える化」を大事にすることで、社員からのアイデアを引き出し、自由闊達な組織をつくり上げているそうです。

赤城乳業の「言える化」を実現するための工夫の1つが、委員会やプロジェクトという形で縦割りの部署を超えた横串の活動を行うことです。その委員会のリーダーに若手社員を抜擢することで、意見を言える場をつくり出しています。

また、全員参加の社員旅行であったり、同期と映画やミュージカルを見る「感性教育」という制度に取り組むなど、心の壁を取り払い、お互いを知るための機会をつくっています。これらも「言える化」できるようにするための取り組みということです。

業務ハックのアイデアを生み出すザッソウ

雑談を通じて人間関係を構築し、心理的安全性を高めることで「見える化」から「言える化」につながっていきます。

社内の制度への不満であったり、業務を進めていく際の困り事などは、放っておくと居酒屋の愚痴で終わってしまいますが、拾い上げて解消していくと、それが業務改善や会社を良くしていくことにつながります。**不満や不安は改善の格好のネタなので**

す。

だから、そうした社員たちの考えは、隠されてしまうよりもオープンに気軽に出してもらう方がいいのです。しかし、フォーマルな会議であけすけに不満を出してしまうと、取り返しがつかないことになってしまうかもしれません。だからこそザッソウが重要になります。

ザッソウは、会社を改善するヒントを集める絶好の機会です。ザッソウの中で「言える化」していくことで、どうすればいいかアイデアも出し合いましょう。ザッソウでアイデアを出すときは、突飛な案も出てくることがありますが、それが解決の糸口になることも大いにあります。

たとえば私たちの会社では、有給休暇は申請も承認もなく取得できる制度になっています。仲間に迷惑がかからないよう自分で調整さえすればいつでも取って構いません。

この制度は突拍子もないように思えますが、ザッソウしているときに気づいたものです。「有給休暇の申請があったとして、会社がNGを出すことはないよね」と。ほぼ100％受理される申請と承認だったら、いっそ不要にしてもいいのではないかと考えたのです。

また、出てきたアイデアはすぐに取り組むことが重要です。本当に難しいことなら時間がかかりますが、自分たちの工夫で簡単にできそうなことならやってしまうべきです。大層なシステムなどつくらなくても、今は前述のkintoneやグーグル社のSpreadsheetを使うことで手軽にできることも多くあります。

今ある手持ちの環境で工夫する取り組みを、コンピュータを使う人たちのあいだでは「ハックする」といいます。ですから、今回のように業務をハックすることを私たちは「業務ハック」と呼んでいます。

業務分析して「見える化」、ザッソウからの「言える化」、そこからの改善を「業務ハック」していくのです。そうした小さな改善を積み重ねていくことで生まれたゆとりでザッソウが広がって、さらに業務改善が進むことになります。

3

チームの境界を越えていく「ザッソウ」

ザッソウはすでにあるチームの中だけで使うわけではありません。ときには会社やチームを越えた人たちとの関係づくりにも役立ちます。

会社の枠を越えた友人とのザッソウから新規事業が生まれることもあるし、採用の面接で見極めるのは楽しく雑談ができるかどうか……。

このように、会社の境界を越えたチームづくりにもザッソウが有効なのです。そんなチームの境界を越えていくためのザッソウについて紹介します。

新しい事業を生み出したのはザッソウ

ザッソウをしている中でアイデアが生まれて、そこから新しい事業が始まることもあります。

乳がんや血液がんなど、重い病気にかかった患者が自分に合った病院と医者を探すためのデータベースを提供しているイシュランというサービスがあります。

このサービスはもともと、私の友人であるメディカル・インサイト代表の鈴木英介さんとの雑談の中で出てきたアイデアです。乳がんは、がんの中では比較的予後が良いらしく、担当してくれた医者と長い付き合いになるそうです。

「本当に自分に合った医者を見つけたいと思っている人がたくさんいるんだけど、それを助けるには何ができるだろうね」――そんな話がきっかけでした。

最初のザッソウでは、事業になるとは思っていないし、当然ですが損得勘定を考えていたわけでもありません。けれど、その話を聞いたコンピュータに詳しいエンジニアが「それなら病院にあるデータを収集してくれれば役に立つかも」という話をしてくれて、「だったら、患者さん自身に口コミもしてもらえるね」といった感じで、雑談している中でアイデアが膨らんでいったのです。

そして、私たちは業務時間の合間を縫ってデータベースづくりに取り組むことにしました。**雑談でのアイデアを思いつきで終わらせることなく、実現に向けて取り組んでいったのです。**というのも、そうした自分たちで考え出したアイデアを実現させる活動は、それ自体が楽しいものだったからです。

まずは実験的に愛媛県のデータベースから小規模に始めて、そこから利用者の反響や意見を参考にしながら、広島、東京と順々に拡大していきました。使ってくれる利用者が増えて、あるときは利用者である患者さんと雑談をしていて出た「病院や医師の写真も掲載すると良さそうだね」といったアイデアももらって改善を続けました。そうして始めてから3年で全国のデータを網羅するまでに至りました。

その結果、データベースの価値が一気に高まって、今ではコラボレーションを申し出てくれた企業とビジネスができるまでになったのです。

新規事業を生み出すといった明確な指示や命令があったわけではなく、事業計画や儲かるかどうかといった観点が先にあったわけでもありません。ただただ雑談や相談をしているうちに企画が立ち上がり、やっている取り組み自体が楽しくて続けていたら、それが新規事業になった事例です。

採用の面接で重視するザッソウ

人を採用する際、どのような点を重視するでしょうか。「論理的に考えられる力」「しっかりした受け答え」「愛嬌の良さ」「頭の回転」など様々な観点があるでしょうが、どの会社も「人間性」は押さえておきたいポイントだと思います。

では、その人間性はどうすれば見極めることができるのでしょうか。そもそも良い人間性など判定できるのか疑問で、要は自分たちの会社やチームとの相性が良いかどうかさえわかればいいのです。

そのために面接で行っているのがザッソウです。通り一遍の質疑応答で、面接対策本に書いてあるような回答が聞けても、その人のことは何もわかりません。だから、**「これは面接ではあるけれど、雑談をしましょう」と言ってから始めます。**

私が面接するときは、ひとまず自己紹介をしてもらうところから始めて、その自己紹介の中で興味を持ったところを深掘りしていきます。

採用面接をしている時点で、もしかしたら一緒に働くことになるかもしれない人なので、こちらは非常に興味があるわけです。だから、雑談が盛り上がるポイントである「興味を持つこと」は最低限クリアしています。

なお、単に過去にあった事実を聞くよりも、どう考えたのか、なぜその行動を取ったのか、その人なりのストーリーがあるはずで、それを本人の口から語ってもらいます。そうすることで感じ取れるものがありますし、その内容に刺激を受けて自分も話をしたいと思ったらそうします。

この面接の様子を他の人が見たら、雑談していると思うかもしれません。しかし、リラックスした雑談だからこそ、お互いの本音を知ることができるのです。

何より小一時間の雑談すらできないような人とは、一緒に働くイメージがわきません。チームを構成する条件の1つがザッソウし合えることであるならば、採用する前からザッソウできるような人でないといけないのです。

4

「ザッソウ」で組織は変わり、人を変えていく

良いチームにしたい、成果の上がる組織にしたいという思いがあるからこそ、あなたはザッソウに取り組もうとしているのだと思います。しかし、1人でチームや組織を変えていくことは容易ではありません。

チームや組織を変えていくには何が必要で、どこから始めればいいのか、そしてザッソウがどのように作用するのか考えてみましょう。

ふりかえりのザッソウから始めよう

チームや組織を仲間とともにより良い状態にしたいなら、まず最初に「ふりかえり」を行うべきです。

ふりかえりは、プロジェクトや職場において継続的な改善をしていくための取り組みです。もともとはシステム開発の業界で行われていたものですが、最近では様々な業界でも取り組み始めているそうです（日本語としての「ふりかえり」とは別物です）。

ふりかえりは、おもにチームで集まって行います。最初は毎週1時間くらいの頻度でやってみるといいでしょう。その内容は、やっている仕事の中身についてではなく、仕事のやり方について話をします。ですから進捗会議や対策会議とは違います。

普段、仕事の進め方を見直す機会などなかなかないですし、プロジェクトだと終わった後に反省会をしますが、それでは手遅れです。**もっと頻繁に仕事の進め方を見直す機会をつくることで、チームの生産性の底上げをすることができるのです。**

たとえば、仕事の進め方で手戻りが多いとしたら、「これまでよりも早めに確認を取った方がいい」とか、そんな簡単なことからでも構いません。

どの現場でも何か失敗をしたり問題が起きれば、反省したうえで回復と改善に取り組むことはしていると思います。ですが、そもそも何も問題がなくても、ふりかえりをして改善していけばいいはずです。

むしろ再現性の低い仕事をしていれば、気づいたことや学んだことは体験した本人しか得られないので、そういったことは積極的に共有していきたいものです。その共有の機会としても、ふりかえりを活用することができます。

ふりかえりの本質は、自分たちの仕事の仕方についてザッソウすることにあります。ザッソウにすることで、当事者的な視点を少し客観的な視点に上げることができます。

ふりかえりを続けることで目指すのは、自己改善ができるチームです。誰かに指示や指導をされなくても、自分たちで良い方向に変えていけるようになることです。

では、なぜチームや組織を変えていくために「ふりかえり」から始めるのでしょうか。

人というのは、どれだけ外部から良い方法を教えたり、指導したところで行動を変えることは難しいものです。それは、自分たちのことがわかっていないからです。

必要なのは、自分たちのことを知る機会です。自分たちが本当にまずい状態だと思えば改善する意欲もわくでしょう。そうなって、ようやく変わる出発点に立ってくれます。

鏡を見ることがなければ、自分の顔が汚れていることには気づかないものです。だから、ふりかえりとは、チームで自分たちの姿を鏡で見る機会でもあるのです。

大きな組織でも人間関係が大事なのは同じ

大きな組織を一度に変えてしまうことはできません。組織の規模が大きくなればなるほど、それは難しくなります。人数の多い組織には、「慣性の法則」に似た変化への反動が発生するためです。私自身、一部上場の大企業で10年以上勤めた経験があるので、組織を変えることの難しさはよくわかります。

私のいた2000人を超える組織では、社内にどんな人がいるのかわからず、部署を越えた先はもはや別の会社のようでした。また、会社が大きいので自分の仕事がどう世の中の役に立っているのか、どれだけ会社に貢献しているのかがわかりにくくなっていました。そのためか、優秀で性格も良い人ばかりなのに、職場はどこか覇気のない状態でした。

そうした中で、働いている人たちが組織の壁を越えて交流することはできないか、社内にいる専門家たちの知見を活かすことで生産性や品質を向上できないか、何より働くことが楽しくなるような環境をつくることはできないか――当時の私はそう考えたのです。

そこで私が取り組んだのは、社内ＳＮＳの導入でした。２００５年当時mixiが流行っていて、それに似たシステムを社内につくることで社員同士が交流できるようにしました。

その主な機能は日記です。社員たちが社内限定の日記を書いて、そこにコメントする形でコミュニケーションができるようにしました。日記の中身は人によってバラバラで、プライベートな出来事を書く人もいれば、仕事の中で学んだことを書く人、技術的なノウハウを残す人などがいました。

今あらためて考えてみると、その中身はザッソウでした。仕事につながる話もあれば、関係ない雑談もあるし、気軽だけど真面目な話もあります。

社内SNSを導入したことによって、多くの社員たちが部署を越えた社内人脈を形成できるようになりました。また、若手が中心となった勉強会が開催されるようになったり、経営層と直接コミュニケーションが取れることで社員たちの帰属意識も高まりました。

社員同士で仕事に直結しなくてもいい話をする場があることで、実体をつかめなかった会社というものが、そこでザッソウし合っている人たちのことであるという感覚を持てるようになったのです。

それまで別の部署で働く人たちのことを、「人事部が〜」「経理部が〜」と言っていた人たちが、そうした別の部署にも人がいて、自分と同じように一生懸命に働いてることを知ったことで、「人事部の佐藤さん」「経理部の佐々木さん」といったように人として認識できるようになりました。

ザッソウを通じて社内にいる人たちのことを仲間と思えるようになったのです。それによって、それまで血が通っていないと感じていた会社の制度や取り組みに興味を持つようになり、自然と協力しようという気になりました。たとえ大きな組織であっても、そこにいるのは人であることに違いありません。だからこそ、組織の大小にかかわらず人間関係を構築することでしか変えていくことはできないのです。

人は変えられないが、変わる瞬間をつくることはできる

チームも組織も人の集まりです。だから、そこにいる人が変わっていかなければ、チームや組織が変わることはありません。

しかし、あくまで私の考えですが、外側から人を変えることなどできません。もし人の考えを意のままに変えることができるなら、もはやそれは洗脳でしょう。

では人を変えることができないなら、チームや組織も変えることができないかというと、そんなことはありません。**人は自ら変わる瞬間をつくり出せるからです。**私にも体験があります。

私は今でこそ経営をして執筆などもしていますが、まだ20代の半ば頃はプログラミングに打ち込むだけの日々でした。将来への不安や希望もありましたが、自分が経営をしたり、こうして本を書いたりするなど考えたこともありませんでした。そういう人間とは種類が違うと考えていたのです。

しかし、あるとき社外の勉強会に参加する機会がありました。そこには、会社を経営している人や技術書を書いて出版している人など、当時の自分からは遠い存在の人たちばかりでした。

そこで恐る恐る話をしてみると、どなたも非常に気さくな人たちで、勉強会が終わった後の懇親会の頃には、そうした人たちも遠い存在ではなく、不遜にも自分とそう違うことはないのだと思えたのです。

「もしかしたら自分にもできるかもしれない」――そんな風に考えるようになりました。もちろん、たった一度で人生が変わることなどなかったですが、そこから何度かそういった社外のイベントや勉強会に参加しているうちに、自分も発信側に回りたいと思うようになっていったのです。

イベントなどを主催する側に回り、ブログを始めたりと、自分にできることからコツコツと発信を続けていったことで、書籍を書くチャンスをいただいたり、海外で講演するような話までいただけるようになりました。

たしかに人生は大きく変わりましたが、思い返すと誰かに言われたから自分が変わったのかといえば、そんなことはなかったように思います。後づけで分析すると、やはりインフォーマルな雑談の機会があったことが大きな要因です。ただ講演を聞いたり本を読むだけだったら、やっぱり自分とは違うと思って終わっていたでしょう。けれど、そんな人たちと雑談したり相談したりしたことで、自分が勝手につくっていた「脳のブレーキ」が壊れたのだと思います。

5

「ザッソウ」あふれるチームで働く人を幸せに

ここまで、ザッソウによって相互理解が高まる、心理的安全性が生まれる、率直に意見をぶつけ合えることで成果が出せる、新しいアイデアが生まれる、組織を変える土台になる……といった話をしてきました。

本書の最後では、そうしたチームや組織の成果という側面以外でザッソウがもたらすものは何か、働く人や働くことの幸せにつながるのかどうかについて考えてみましょう。

チームワークに人の喜びがある

仕事は難しく大変なものだと多くの人は感じています。しかし、仕事を難しくしているものは一体なんでしょう。

「短い納期で仕上げないといけないから」「顧客や上司から無理難題を投げかけられたから」「ソリの合わない上司と付き合わないといけないから」「チームの仲間との折り合いがうまくいかないから」……きっと様々な理由があるでしょう。

どれも根源的には、人間関係が原因であるように考えられます。納期で大変なことも適切に助けを求められたらなんとかなるし、無理難題も助け合ってアイデアを出し合えば解決するかもしれません。

どんなに辛い状況であっても、一緒に愚痴でも言い合いながら立ち向かう仲間がいれば、乗り越えられる。少なくとも、そう思える希望があるなら不幸とまではいかないでしょう。

実際、会社を辞めるほとんどの理由が、職場の人間関係だと聞いたことがあります。また、職場で起こるトラブルも、ほとんどの原因は人間関係によるものです。人間が相手だからこそ嫌な思いをするし、逆に嬉しいこともあるのです。

誰かと一緒に目標に向かって努力しているときは楽しさを覚えます。チームでするスポーツが楽しいのも、一緒にする創作活動が楽しいのも、仕事と同じではないでしょうか。

どんな仕事だって、目標に向かってチーム一丸となって成果を出していくことができれば楽しいものになるはずです。チームワークには人の喜びが隠されています。そしてチームワークはザッソウによって培われるというのが本書で伝えてきたことです。

働き方を見直すことの本当の意義

「なんのために働くのか」を問われる時代になりつつあります。昔に比べて生きていくだけの生活コストは圧倒的に下がり、シェアリングエコノミーは拡大し、ベーシックインカムの実験を始めた国も出てきました。「限界費用ゼロ社会」というコンセプトが登場するほどに、あらゆるモノやサービスにかかるコストが下がってきているのです。

人工知能やロボットのテクノロジーが急速に発展している中で、人が働くべき理由は何か、改めて考えていかなければなりません。

この先社会が大きく変化したとしても、人は仕事を続けるのではないかと私は考えています。労働ではなく仕事です。生活のために人に支配されて使役されるような労働はなくなってもいいでしょう。しかし、自分が役に立つと思うこと、社会を良くしていくこと、自分自身が成長していくことを実現できる仕事という行為はなくならないと思います。

少しスケールの大きな話になりましたが、仕事は金銭的な報酬を得ることだけが意義ではないということです。**仕事には、その仕事そのものに取り組むことで得られる喜びや幸せがあります。**

働きすぎて身体を壊してしまうような労働環境はなくなってしまった方がいいと心底思いますが、だからといって働くこと自体を否定するのは寂しいものです。

働き方を見直すのは、ＩＴ化や効率化を図ることで短い時間でも成果を上げられるようにしていくことであるのと同時に、そこで得られた余裕を活かして、ザッソウあふれる楽しい職場やチームをつくっていくことだと考えています。

遊ぶように働くチームを広げる

私たちの会社ソニックガーデンの働き方には「遊ぶように働く」というコンセプトがあります。本人たちは至って一生懸命に働いているにもかかわらず、外から見るとまるで遊んでいるように見えて、実際に働くことが楽しくて仕方がないという状態のことです。

これには2つの背景があります。1つは、私たち自身が、好きで、得意で、かつ役に立つことを、自分たちの仕事にしているからです。ソニックガーデンは仕事でプログラミングをする会社ですが、働いている人たちは趣味でもプログラミングをするような人たちばかりです。そうなると、もはや仕事は強制されてやるものではなく、遊びのようなもので、自主的に楽しいからやっていることになります。

もう1つは、**マネジメントにおいてメンバーたちの自主性や自律性を重んじることで、彼ら自身が選択して決める機会が数多くあるからです。**普通の会社ならば、社命であれば従わなければならないことも、必ずしも従う必要がなく、あくまで自分の意思ですべて決定することができます。

そうした選択肢が数多くあり、自己決定度が高い状態にあると、人は幸せを感じます。なぜ人は趣味を楽しめるのか——それは自分に決定権があるからです。仕事も同じように、自分で決定できるようになれば責任は伴いますが楽しくなります。


働くことに対して、自分事で考えて自分で決めて取り組むようになれば、言われたことをするだけの労働よりも、よほど大きな成果を上げられるようになります。自分事で働く人たちが集まる場では、自然とザッソウが生まれます。雑談し合ったり、相談し合ったりしながら、それぞれが自分の責任を果たし、チームとして成果を上げていくことができるようになるのです。

ザッソウよりも大切なことは、ザッソウが自然と生み出されるような環境をつくっていくことです。

おわりに

本書をお読みいただき本当にありがとうございました。

多様性が増した組織の心理的安全性を高め、複雑で正解のないビジネスを円滑に進めていくためのコミュニケーションのことを、本書では「ザッソウ」と名づけました。ザッソウとは、「雑談＋相談」であり、「雑に相談する」という意味でもあります。

ちなみに、この「ホウレンソウ（報・連・相）よりザッソウ（雑・相）」という言葉のアイデアも、社内で雑談をしていたときに生まれたものです。雑談をしているうちにアイデアが浮かぶという実例として本書があるのです。

ザッソウの文化を広めていくことは、まさしく仕事を取り巻く環境が大きく変わっている今の日本にとって本当に重要なことではないかと個人的には考えています。

本書を通じて、ザッソウの必要性や効能、取り組み方についてご理解いただければと思います。ぜひ自分たちの職場やチームでザッソウを取り入れていくにはどうしたらいいか考えてみてください。

§

私の経営するソニックガーデンは、構成する社員のほとんどがプログラマの会社です。そのうえ、全社員が在宅勤務のリモートワークをしているという話をしたら、よく次のようなコメントをもらいます。

「プログラミングが仕事だと、コミュニケーションしなくていいからですね」
「やっぱり優秀な人たちだと、それぞれ個人プレイで仕事できるからですね」

いやいや、それは大きな誤解なのです。私たちはコミュニケーションもチームプレイも非常に大事にしています。

私たちの仕事はプログラミングといっても、直接お客様と話をするところから、画面やデータの設計をして、開発したものをデモして提供するところまで全部やっています。

コンピュータに向かって打ち込むだけの時間は全体の半分ほどで、残りは誰かとコミュニケーションすることで仕事を進めています。

さらに今の時代は、扱うＩＴ技術も業務的な課題も多岐にわたるため、１人きりでは知識も経験も足りず、仕事を進めることはできません。困ったことや自分だけでは解決できないような問題に出くわしたら、それが得意な人に相談することは必須です。

だから私たちは、それぞれに得意な分野を持っており、その得意分野で助け合うためにチームワークを大事にして働いています。

そんなわけで、私たちの会社は全社員リモートワークで本社オフィスがないにもかかわらず、毎日ワイワイガヤガヤと仕事をしています。第３部で紹介した仮想オフィスのおかげで、いつでも雑談をしながら「ちょっといい？」「ザッソウしたい」といった声かけを頻繁に行いながら働いているのです。

逆にいえば、ザッソウがあるからこそ、離れた場所で働いていてもチームワークを保つことができていると考えています。私たちにとって、チームをつなぎとめていたのは場所ではなくザッソウだったのです。

一方で世の中を見渡してみると、勤怠時間だけを見るような「働き方改革」が進むその裏でコミュニケーション不足に悩む現場が増えています。「仲間のことを信じきれない」「助け合いができない」……と、むしろいきいきとした働き方ができなくなってきているように見えます。

私たちの会社は、Great Place to Work の主催する「働きがいのある会社ランキング」で2018年に初選出ながら5位のベストカンパニーを受賞しました。それを機に、多くの企業から働きがいのある職場をつくりたいという相談を受けるようになりました。どこも新しい働き方を実現するために制度を変えようとしているけれど、なかなかうまくいっていないようでした。

それはなぜなのでしょうか。原因を探っていくうちに、多くの組織が抱えている問題は働き方の制度ではなく、効率化だけを求めすぎたことによって職場からゆとりが消え、雑談のような非公式のコミュニケーションが不足してきたからではないかと考えるようになりました。

つまり、あらゆる組織活動やプロジェクトでの仕事を円滑に進めていくための土台となる人間関係の部分が空洞化してしまっているにもかかわらず、そのうえに新しい制度をつけ加えようとしていたのです。

そうなると、どれだけ先進的な取り組みや制度を取り入れようとしても、いずれは自重で崩壊してしまうでしょう。

どんな取り組みをしていくにしても、そこには信頼し合える関係、なんでも話し合える関係、一緒に笑い合える関係があるからこそ効果を発揮することができるのです。そして、それを職場やチームにもたらす鍵となるのが雑談です。雑談によって様々な変化がもたらされるのは本書で述べた通りです。


ですから、雑談は多くの人が思っているより何倍も大事で、多くの人が心のどこかで感じているように職場になくてはならないものなのです。しかし、どんな立場であっても雑談を正面から推奨するのは難しいということもわかります。

そこで、それまでの非公式なコミュニケーションに「ザッソウ」と名前をつけ、業務上の必要なコミュニケーションとしてしまおう。そうすることで、多くの組織で悩むマネージャや経営者、相談しづらい現場で辛い思いをしている人たちを助けられるのではないか。そう考えたことが本書を書くきっかけになりました。

§

本書を書くに当たって、とても悩んだことがあります。告白しますと、それは他ならぬ私自身、雑談が苦手だったのです。

とりとめのない話を延々と続ける、立食パーティーなどで見知らぬ人と他愛のない話をするなんて、今もって苦手です。どれくらい苦手かというと、自分が講演で話をした後の懇親会でも、雑談ができずにひとりぼっちになってしまうくらい苦手なのです。

そんな私でも、気のおけない仕事仲間とのコミュニケーションは好きですし、飲み会を含めた非公式な場での建設的な議論も好きです。それは心理的安全性の高い仲間との関係もありますが、何よりも仕事や働き方に関する雑談だから話ができるのです。

今回、そうした仕事や働き方に関する気軽なコミュニケーションを「ザッソウ」として再定義したことで、私自身も気持ちが楽になりました。ザッソウだったら、何気ない雑談が苦手な自分でもできるかもしれない、と。

何も芸人みたいにおもしろい話ができなくてもよかったのです。自分の気持ちを包み隠さず、相手を信頼して話をする。相手が話してくれることをただただ認め、受け入れるように聞く。それだけでザッソウになるのです。

だから「雑談なんて苦手だなぁ」と思っている人こそザッソウに取り組んでみてほしいと願っています。

私は雑談に苦手意識があるので、本書のコンセプトを固めるときに、自分の周りにいるザッソウの達人たちを観察しました。そんな彼らにたった1つ共通することは「気負っていない」ということでした。

気負わずに話をするから、話し相手も気が楽になりますし、リラックスしている方が自分を偽らずに話すことができます。それにユニークなアイデアだって出るかもしれません。

そう、せっかくのザッソウなのですから肩ひじ張らずに、まずは自分の周りからでも始めてみませんか？　「ちょっとザッソウしようよ」、そんな風にたくさんの対話が生まれる職場が1つでも増えれば、著者としてこれ以上嬉しいことはありません。

ぜひみなさん、一緒に「ザッソウ」の文化を日本に広げていきましょう。

§

本書を書くに当たって、雑談や相談に関する知見など多くの方のご協力や示唆をいただきました。本当にありがとうございました。

この本のテーマである「ザッソウ」は自分自身で書いたことではありますが、私が完璧に実践できているかといえば、それは嘘になります。それでも、ある程度は自分のことを棚に上げてでも書くことができたのは、私の周りに雑談・相談、ザッソウの達人たちがいてくれたからでした。たくさんの示唆、知見を与えてくれて感謝しています。

また、ソニックガーデンで働く仲間たちは、いつでもザッソウに乗ってくれ、勝手にザッソウし合って成果を上げてくれました。経営者である私が本を書くことにも協力してくれて、本当に感謝しています。

本書の執筆にもザッソウを取り入れました。執筆の最終段階で、原稿のレビューをしてくれる方たちを私のFacebookを通じて募集したところ、50名近い方々から応募があったため、早速レビュー会を結成して原稿に対してコメントやフィードバックをしてもらいました。その結果、100件以上ものフィードバックが得られて原稿をブラッシュアップすることができました。

レビュー会では非常に有益なザッソウが交わされて、チームで執筆している感覚を持つことができました。本書は、私1人でつくり上げたものではなく、レビュー会のみなさんと一緒にザッソウしてでき上がったものです。

大澤将憲さん、及部敬雄さん、甲斐英幸さん、川本裕二さん、木村利広さん、木元秀典さん、久保明さん、小出俊夫さん、小山祐介さん、斎藤昌義さん、齋藤裕美子さん、坂野悠司さん、佐藤竜也さん、椎野磨美さん、清水有子さん、高木宏さん、田澤由利さん、塚本牧生さん、徳永健さん、冨元雅仁さん、成嶋祐介さん、南日智恵さん、根本紀之さん、野村敏昭さん、林栄一さん、原田篤史さん、半谷充生さん、坂東孝浩さん、深尾善弘さん、福岡秀幸さん、藤村能光さん、星名真喜子さん、町田夕子さん、松田邦彦さん、松本潤二さん、丸林延行さん、水越明哉さん、水谷真智子さん、道西賢哉さん、村木昇さん、森實繁樹さん、矢島卓さん、安田忠弘さん、やつづかえりさん、宿里洋平さん、山田哲寛さん、吉岡弘隆さん、本当にありがとうございました。

本書の執筆の機会をくださり、最後まで編集としてつき合ってくれた日本能率協会マネジメントセンターの新関さん、プロモーション企画に協力してくれたソニックガーデンの八角さん、雑草サポーターの岡田さん、ありがとうございました。

最後に、楽しく仕事をしていられるのもザッソウし合える家庭があってこそ。いつも支えてくれる家族に、ありがとう。

§

本書を読んで感じたことや質問があれば、ぜひ私までメール（kuranuki@gmail.com）をいただけると嬉しいです。また、Facebook／Twitter／ブログを通じて継続的に発信していきますので、そちらもフォローしていただけると幸いです。気軽にザッソウしてください。

Facebook：https://fb.com/kuranuki
Twitter：https://twitter.com/kuranuki
ブログ：https://kuranuki.sonicgarden.jp/
感想投稿サイト：https://zassou.club/

参考文献

稲垣栄洋『雑草はなぜそこに生えているのか　弱さからの戦略』筑摩書房、2018年
仲山進也『今いるメンバーで「大金星」を挙げるチームの法則　「ジャイアントキリング」の流儀』講談社、2012年
世古詞一『シリコンバレー式　最強の育て方　人材マネジメントの新しい常識　1on1ミーティング』かんき出版、2017年
ピーター・M・センゲ・著、枝廣淳子、小田理一郎、中小路佳代子・訳『学習する組織　システム思考で未来を創造する』英治出版、2011年
C・オットー・シャーマー・著、中土井僚、由佐美加子・訳『U理論［第二版］過去や偏見にとらわれず、本当に必要な「変化」を生み出す技術』英治出版、2017年
石塚しのぶ『ザッポスの奇跡 The Zappos Miracles　アマゾンが屈したザッポスの新流通戦略とは』東京図書出版会、2009年
井手直行『ぷしゅ　よなよなエールがお世話になります　くだらないけど面白い戦略で社員もファンもチームになった話』東洋経済新報社、2016年
本間浩輔『ヤフーの1on1　部下を成長させるコミュニケーションの技法』ダイヤモンド社、2017年
キャロル・S・ドゥエック・著、今西康子・訳『マインドセット「やればできる!」の研究』草思社、2016年

トム・ラス・著、古屋博子・訳『さあ、才能（じぶん）に目覚めよう　新版　ストレングス・ファインダー2.0』日本経済新聞出版社、２０１７年

沢渡あまね『チームの生産性をあげる。　業務改善士が教える68の具体策』ダイヤモンド社、２０１７年

遠藤功『言える化　「ガリガリ君」の赤城乳業が躍進する秘密』潮出版社、２０１３年

P.F.ドラッカー・著、上田惇生・訳『明日を支配するもの　21世紀のマネジメント革命』ダイヤモンド社、１９９９年

デレク・シヴァーズ「社会運動はどうやって起すか」https://www.ted.com/talks/derek_sivers_how_to_start_a_movement?language=ja

結城浩「プログラマの心の健康」https://www.hyuki.com/kokoro/

フレデリック・ラルー・著、鈴木立哉・訳、嘉村賢州・解説『ティール組織　マネジメントの常識を覆す次世代型組織の出現』英治出版、２０１８年

ジェレミー・リフキン・著、柴田裕之・訳『限界費用ゼロ社会　〈モノのインターネット〉と共有型経済の台頭』NHK出版、２０１５年

野中郁次郎、竹内弘高・著、梅本勝博・訳『知識創造企業』東洋経済新報社、1996年

野中郁次郎、紺野登・著『知識経営のすすめ　ナレッジマネジメントとその時代』筑摩書房、１９９９年

ANAビジネスソリューション『ANAが大切にしている習慣』扶桑社、２０１５年

ピョートル・フェリクス・グジバチ『世界最高のチーム　グーグル流「最少の人数」で「最大の成果」を生み出す方法』朝日新聞出版、２０１８年

倉貫義人『管理ゼロで成果はあがる　～「見直す・なくす・やめる」で組織を変えよう』技術評論社、２０１９年

【著者プロフィール】
倉貫義人（くらぬき よしひと）

株式会社ソニックガーデンの創業者で代表取締役社長。1974年生まれ。京都府出身。

小学生からプログラミングを始め、天職と思える仕事に就こうと大手システム会社に入社するも、プログラマ軽視の風潮に挫折。転職も考えたが、会社を変えるためにアジャイル開発を日本に普及させる活動を個人的に開始。会社では、研究開発部門の立ち上げ、社内SNSの企画と開発、オープンソース化をおこない、自ら起業すべく社内ベンチャーを立ち上げるまでに至る。

しかし、経営の経験などなかったために当初は大苦戦。徹底的に管理する方法で新規事業はうまくいかないと反省。徐々に管理をなくしていくことで成果をあげる。最終的には事業を軌道に乗せて、その社内ベンチャーをマネジメント・バイ・アウト（経営者による買収）することで独立を果たして、株式会社ソニックガーデンを設立。

ソニックガーデンでは、月額定額＆成果契約の顧問サービス提供する新しい受託開発のビジネスモデル「納品のない受託開発」を展開。その斬新なビジネスモデルは、船井財団「グレートカンパニーアワード」にてユニークビジネスモデル賞を受賞。

会社経営においても、全社員リモートワーク、本社オフィスの撤廃、管理のない会社経営などさまざまな先進的な取り組みを実践。2018年には「働きがいのある会社ランキング」に初参加５位入賞と、「第３回ホワイト企業アワード」イクボス部門受賞。

著書に『管理ゼロで成果はあがる 「見直す・なくす・やめる」で組織を変えよう』（技術評論社）、『「納品」をなくせばうまくいく』『リモートチームでうまくいく』（日本実業出版社）がある。

プログラマを誇れる仕事にすることがミッション。

「心はプログラマ、仕事は経営者」がモットー。

【Facebook】https://fb.com/kuranuki
【Twitter】https://twitter.com/kuranuki
【ブログ】https://kuranuki.sonicgarden.jp/

ザッソウ　結果を出すチームの習慣

2019年９月10日　　　初版第１刷発行

著　　者――倉貫義人

発 行 者――張士洛
発 行 所――日本能率協会マネジメントセンター
〒103-6009　東京都中央区日本橋2-7-1 東京日本橋タワー
TEL　03(6362)4339(編集)／03(6362)4558(販売)
FAX　03(3272)8128(編集)／03(3272)8127(販売)
http://www.jmam.co.jp/

装　　丁――二ノ宮匡（ニクスインク）
本文DTP――株式会社明昌堂
印 刷 所――広研印刷株式会社
製 本 所――株式会社三森製本所

ISBN 978-4-8207-3182-5　C2034
落丁・乱丁はおとりかえします。
PRINTED IN JAPAN